1973年、新館を増築

石垣を歩く今田敏子（前から3人目）

2015年、山荘の西（飛騨）側石垣を整備中

2022年10月、着工から16年かけて山荘西側の庭全体の整備がすべて終了

1987年に完成した「太陽のロビー」

2018年、95周年記念事業で飛騨の匠の手により磨かれ新品同様になった官材ヒノキの食堂テーブル

篠原時代の東邦航空のヘリコプター、アエロスパシアルSA315B「Lama(ラマ)」

「ラマ」のテールローターは交換後、山荘風車として活用されていた

ジャンダルムをバックに、右から東邦航空の篠原秋彦、前支配人の宮田八郎、現支配人の中林裕二（左端は東邦航空社員）

2007年夏のスタッフ。中央看板右側に英雄、恵。1列目左端に宮田八郎

太陽光パネルの発電データを見る二代目支配人、加川達夫

太陽光パネルの作業を行なう初代支配人、神憲明

入山日、ヘリコプター「B3」に乗り込む中林裕二現支配人

穂高の山々を撮影する映像作家としての顔も持つ三代目支配人、宮田八郎

営業開始前の山荘除雪風景

穂高連峰に抱かれて建つ山荘。左から前穂高岳、奥穂高岳、ジャンダルム。涸沢岳より

山荘の前でくつろぐ今田英雄

谷山宏典 著

穂高に遊ぶ

穂高岳山荘 二代目主人 今田英雄の 経営哲学

山と溪谷社

― 目次 ―

造本装丁　朝倉久美子
口絵・本文写真　内田 修、宮田八郎、穂高岳山荘
見返し手書き文字　宮田和子
DTP　ベイス
校正　中井しのぶ
編集　松本理恵（山と溪谷社）

プロローグ――徳本峠

60年前の夏の日のこと――。

大学2年生だった松井英雄は、穂高岳山荘に行くため、長野県安曇《あづみ》村（現・松本市安曇）の島々《しましま》集落から島々谷に入り、徳本《とくごう》峠をめざして谷沿いの長い登山道を登っていた。

穂高岳山荘の創立者で初代主人の今田重太郎《いまだじゅうたろう》は、英雄の母方の親戚にあたる。子供のいなかった重太郎のもとには、英雄の4歳下の妹である紀美子が養女に入っており、英雄は中学生のころから夏休みには山荘に遊びに行き、仕事を手伝い、周辺の山々での登山を楽しんでいた。

島々から徳本峠を越えていく道は、かつては上高地へのメインルートとして、多くの登山者が行き交っていた。明治時代には、日本の近代登山の父と称されるウォルター・ウェストンや、日本山岳会の創立メンバーである小島烏水《こじまうすい》などもこの峠道を使って上高地へと入っている。しかし、昭和初期に島々から上高地への乗合自動車（バス）が運行されるようになると、徳本峠を越えて行く登山者は少なくなっていた。

岐阜の生まれである英雄が、長野側から入山したのは、そのころ東京の大学に通っていたためである。上高地までバスではなく、わざわざ峠越えのルートを選んだのは、特別な理由があったわけではなく、たまたまお金がなかったからだった。

だが、この偶然の選択が、英雄のその後の人生を決定づけることになる。


最後の急坂を登りきり、徳本峠に着いたのは、すでに日が西に傾いたころだった。

そのとき峠から眺めた光景を、80歳になった現在の英雄は今も鮮明に覚えている。

「徳本峠から望んだ穂高連峰は、夕日を浴びて赤く染まり、まさに神が住む領域とでもいえるような荘厳な雰囲気だった。その神々しい光景を前に、私はしばらく足がすくんで動けなかった。そして、そんなすばらしい場所の中心に穂高岳山荘があることを強烈に意識させられたんだ」

夕日はやがて、空を残照で彩りながら、稜線の向こう側へと沈んでいった。行動を続けるにはすでに遅い時間となってしまったため、予定はしていなかったものの、その日は徳本峠小屋に泊まることにした。

その夜、将来のことなどまだ何も定まっていなかった若き英雄の中に、ある決意が芽生えてきたという。

「穂高岳山荘を、穂高という山に相応しい美しい山小屋にしていきたい。そのためにはどんな犠牲もいとわないし、一生を捧げてもかまわない。私はそう決心したんだ」

それまでの英雄にとって、穂高岳山荘は妹が養女に入った今田家の山小屋であり、その仕事を手伝うのは夏の間の小遣い稼ぎにすぎなかった。山荘の経営に関わろうなんて考えを持ったこともなかった。

しかし、この日を境に英雄の心は一変する。

自らの理想を実現するところ——穂高岳山荘は英雄の中でそんな場所に変わっていた。


のちに英雄は、今田家に養子に入って山荘の後継者となり、重太郎が山を下りたあとは二代目として山荘づくりの陣頭指揮を執るようになる。

今、穂高連峰を訪れる登山者は、奥穂高岳と涸沢《からさわ》岳の鞍部である標高2996メートルの白出《しらだし》のコルに、広々とした石畳のテラスが広がり、整然とした赤い屋根の山小屋が建っているのを目にすることができる。建物は2階建てで、コルの平坦な地形に沿ってまっすぐに建てられている。テラスには巨大な石のテーブルがいくつも置かれ、天気のいい日の日中には多くの登山者が缶ビールを飲んだり、談笑したりと、思い思いの憩いの時を過ごしている。初めて穂高岳山荘を訪れた人であれば、切り立った峻険な稜線上に突如として広場のような空間が現れることに驚嘆するのではないだろうか。

建物の中に入れば、ヒノキ造りの吹き抜けの食堂や、日の出と日の入りの光で満たされる太陽のロビーなど、こだわりが込められた空間が迎えてくれ、山での滞在を楽しませてくれる。建物内は外観同様、直線的に設計されており、まっすぐな廊下の両側に太陽のロビーや図書室、山の名前が付けられたそれぞれの客室が配置されている。

また、屋根には何枚もの太陽光発電パネルが設置され、バックヤードには発電した電気を蓄えておくための50台以上のバッテリーが並ぶ。穂高岳山荘は自然エネルギーを活用した独自の電力システムを早くから導入してきた、先進的な山小屋でもあるのだ。

気高く秀麗な穂高という山に相応しい、シンプルかつ美しい山小屋。それは人の知恵と力が、自然の理と調和した場所であるともいえる。めざしたのはそんな山小屋だった。

山小屋経営もひとつの事業である以上、営利を求めなければならないが、英雄は利益や効率を度外視して、山荘の建物や設備、人材に惜しみない投資をしてきた。彼は自らの半生を賭して、穂高の稜線での理想の実現に邁進し続けたのである。

その原点が、徳本峠にあったのだ。

編集協力　穂高岳山荘代表取締役　今田　恵

第1章 ―― 重太郎の山小屋

白出のコルに「わが山小屋」を

穂高岳山荘の初代主人である今田重太郎は、1898（明治31）年、岐阜県上宝《かみたから》村蒲田《がまた》温泉（現・高山市奥飛騨温泉郷）で生まれた。

6男5女の11人兄弟の三男であり、尋常小学校を出るとしばらくは家業の木賃宿や農作業の手伝いをしていた。転機は17歳のとき。山案内人・内野常次郎《うちのつねじろう》の仕事に同行したことがきっかけとなり、自らも山案内人を志すようになる。

常次郎は、「上高地の主」と呼ばれた名案内人・上條嘉門次《かみじょうかもんじ》の弟子であり、常次郎に山案内の手ほどきを受けた重太郎は嘉門次の孫弟子にあたる。そのことを重太郎は終生誇りにしていた。独り立ちするようになってからは、殺生《せっしょう》小屋の中村喜代三郎《なかむらきよさぶろう》に頼まれて小屋専属の案内人となり、主に槍ヶ岳から穂高岳のルートを活動の拠点としていた。

時代は大正登山ブームの最中にあり、明治期の探検的登山から、山や自然を愛好する人々による大衆的な登山が広がりを見せていた。増加していく登山者を受け入れるべく、各地で山小屋の開業も相次ぎ、槍・穂高の周辺でも1917（大正6）年にアルプス旅館（現・槍沢ロッヂ）、1919（大正8）年に常念坊乗越《じょうねんぼうのっこし》小屋（現・常念小屋）、1921（大正10）年に燕《つばめ》の小屋（現・燕山《えんざん》荘）などが営業を始めていた。

そんな中、重太郎に山小屋建設を決意させる、ある出来事が起こる。

1923（大正12）年8月の初め、重太郎は3人のお客を連れて、槍ヶ岳から穂高へと縦走していた。その日、天気は朝から快晴だった。だが、午後になり、南岳を越えたころから雷雲が発生し、北穂高岳に着いたときには猛烈な雷雨となった。

重太郎は自身の著書『穂高に生きる 五十年の回想記』の中で次のように書いている。

《何とか涸沢の岩小屋に避難しようと心はあせるが、お客様は寒気と疲労に弱り切っている。私も大きな荷物を背負っているのだからつらい。北穂の壁や涸沢岳の鞍部から、垂直に近い眼下の涸沢まで三人の疲れたお客様を誘導しておりることは、並たいていの苦労ではなかった。かといってじっとしていたのでは遭難することは必定である。そのうち、私のからだまでこわばってくるのが感じられるようになってきた。もうぐずぐずしていられず、手を取って引きずるようにして、ほうほうの態で岩小屋にたどり着いた》

このときの経験から、重太郎は登山者の安全のために穂高の稜線に避難小屋の必要性を痛感する。縦走を終えて殺生小屋に帰ると、すぐに中村喜代三郎に山小屋建設の相談を持ちかける。快諾を得ると早速現地調査を行ない、場所の選定を始めた。

そして、わが山小屋の場所として狙いを定めたのが、白出のコルだった。

その年の秋には、岐阜県と長野県の営林署に山小屋建設の許可願いを提出した。2つの県に提出したのは、白出のコルが尾根筋を境にして岐阜と長野の両県にまたがっていたためだった。

開業当初の穂高小屋。左が重太郎

翌24（大正13）年、まだ両県営林署からの許可は下りていなかったが、コルの地面をならして石室《いしむろ》を建設する。まわりに石を積み上げて、地面にはハイマツを敷き、天井には屋根代わりのテントをかけただけの簡素なものだった。それでも「穂高に仮小屋ができた」という話はたちまちに広がり、数はまだそれほど多くはなかったものの宿泊を希望する登山者が相次いだ。

1925（大正14）年、まずは岐阜県から正式な許可が下りると、すぐさま小屋の建設に動きだす。必要な材木は人夫を雇って担ぎ上げた。中には重さが70、80キロもある大きなものもあり、それは重太郎が自ら背負って白出沢の急登を登った。夏には20人ほどが収容できる小さな小屋――穂高岳山荘の前身である「穂高小屋」が完成し、営業を開始する。

穂高岳山荘の100年の歴史はこうして幕を開けたのである。

なお、小屋が完成したのは25年だが、重太郎は穂高岳山荘の〝元年〟を23年としている。それは、白出のコルに山小屋を建てることを決心し、営林署に許可願いを出した時点で、自分用の拠点とするために小さな石室をすでに造っていたためだ。

「重太郎にとっては、その石室が穂高小屋のはじまりだったんだ」

そう英雄は教えてくれた。

重太郎新道

日本の登山史を振り返ったとき、山小屋や登山道、地名などに自らの名を残している山案内人が何人かいる。

槍・穂高連峰で著名なのは、明神《みょうじん》池畔の嘉門次小屋の始祖であり、ウォルター・ウェストンを前穂高岳に案内した上條嘉門次や、槍ヶ岳東鎌尾根に喜作《きさく》新道を開削した小林喜作。劔・立山周辺では、長次郎谷《ちょうじろうたん》にその名を残す宇治長次郎や、平蔵谷《へいぞうたん》の佐伯平蔵などがいる。

彼らはみな、それぞれの山域の開拓期に登山家や測量師を案内し、山小屋の創設や登山道の開削に従事した開拓者、パイオニアたちである。

そして、彼らから少し時代は下るが、今田重太郎も山の開拓者たちの系譜に連なる一人だといえる。

重太郎の名を冠した道として、岳沢から前穂高岳に登る途中の「重太郎新道」がある。

白出のコルに自らの山小屋を建てて以来、重太郎は穂高小屋の建物や敷地だけでなく、周辺の登山道の整備にも力を注いだ。北は大キレット、南は前穂から上高地までと、ジャンダルムを経て西穂まで、東は涸沢、西は白出沢を下って出合までを、自分の受け持ち地域と考えていたよう

1951（昭和26）年ごろ。重太郎新道建設当時の重太郎夫妻と紀美子

だ。「道がなければ人は来ない」というのが山小屋経営者としての重太郎の基本的な考え方だった。

また、山小屋を建設した動機と同じく、登山者の安全のためという思いもあった。

そんな重太郎にとって、岳沢と前穂高岳の間にあった一枚岩と呼ばれていた大きな岩はずっと気にかかっていた場所だった。毎年のように登山者がスリップして沢に転落する事故が起こっていたからだ。

何とか新しいルートを開拓できないかと、重太郎は1941（昭和16）年ごろから周辺の偵察を重ねた。

ある年、クマやカモシカが通っている獣道を見つけ出し、そこに手を加えれば人間も比較的安全に通過できそうだと考え、1951（昭和26）年9月に道の開設に着手する。雪が降ってくるまでの数週間が勝負だと一気呵成に作業を進め、2週間足らずで一枚岩の右側を巻く約2キロの新しい道を造り上げた。

このときの道造りには、人夫のほか、重太郎の妻・マキと当時5歳になっていた養女の紀美子も現場まで行き、前穂高岳との分岐でテント生活を送っている。短期間で道を完成させるには、毎日早朝から日が落ちきるまで作業に専念する必要があった。マキの仕事はみなの食事の世話をすることで、まさに家族総出での道造りだった。

このときテントを張り、男たちが道造りをしている間、まだ幼かった紀美子が遊んでいた場所は、のちに「紀美子平」と命名されることになる。

重太郎はその後も、涸沢から白出のコルまでの道を大改修したり（1955／昭和30年）、白出沢の難所の岩場をダイナマイトで200メートルほど削って登山道にしたりと（1958／昭和33年）、生涯を通じて道造りにこだわり続けた。

穂高小屋から穂高岳山荘へ

山小屋の建物も、初めの小さな小屋から増改築を重ねて、徐々に拡大させていった。最初の飛騨側棟を建てた翌年（1926／大正15年）には、信州側に別棟を完成させた。1929（昭和4）年には飛騨側棟の改築を行なっている。

50年代半ばに行なった増築は数年がかりの大仕事だった。

終戦から10年が経ち、登山者が増加して小屋が手狭になってきたことを受けて、増築を決めたのは1955（昭和30）年のこと。初めの2年間は手続きと敷地の拡張に費やされた。《岩石の尾根を平らにする敷地造りがまた大変で、掘り下げる地下はすべて岩石であり、しかもそのすき間はすっかり氷に閉ざされていて、ちょうど岩石と氷のコンクリートといったところだ。堅くて鶴はしでもこわれないから、仕方なく表面に現われた氷が太陽の熱で自然に融けるのを待って仕事を進めなければならない。これがなかなかはかどらなくて困ったものである》（『穂高に生きる』）

1958（昭和33）年、本館（右の建物）が増築される。
この年から山小屋の名称も「穂高岳山荘」となる

3年目の1957(昭和32)年になると用材の伐採・製材・運搬に取りかかった。白出に作業小屋を2棟建てて、自動製材機を置くことにしたが、発動機だけでも約150キロ、すべての部品を合わせて1トン以上を荷上げしなければならなかった。また、製材した材の中には長さ4メートルのものもあり、背負子に縦にくくりつけて白出沢をコルまで登っていった。

《十三尺(約4メートル)物などは平衡を失うと倒れる。うつむけばノメる、腰を伸ばせば後につかえる、と全く想像に絶する困難さであった》(同)

土台を組み、建て前(柱・梁・桁などの主要構造部材を組み立てること)が始まったのは9月中旬。穂高の稜線ではすでに雪が降りはじめていた。中途半端な状態で本格的な冬に突入してしまえば、吹き荒ぶ風雪によってすべてが吹き飛ばされてしまう。そこで重太郎は、帰りたがる大工を引き止め、吹雪の中で何とか本屋の外壁と冬期小屋だけは造り上げたのだった。

そして翌58(昭和33)年、4年がかりの大工事が終わり、新しい小屋が完成する。

この年から山小屋の名称も「穂高小屋」から「穂高岳山荘」へと変わっている。

重太郎の信念

穂高岳山荘の礎を築いた今田重太郎という男は、どんな人物だったのだろうか。

英雄は、その人柄を「とにかく仕事一筋だった」と振り返る。

「人の何倍も働くし、自分がこうと決めたことは情熱を持ってきちっとやり遂げる人だった」

英雄のこの言葉は、穂高の急峻な稜線に山小屋を建設し、経営したことはもちろん、重太郎が行なってきた、ほかの仕事にも当てはまる。

そのひとつが、今も奥穂高岳の山頂に立つ大ケルンだ。

視界が悪いときの目印になるようにと重太郎が１９４１（昭和16）年からこつこつ石を積み上げて作り上げたもので、完成したのは終戦後の１９５０（昭和25）年。その作業には10年もの歳月がかかっている。

先述した重太郎新道も、構想から完成までに10年がかかっている。

重太郎が引退する年、１９７３（昭和48）年に完成した「槍穂高連峰詳細図」も、重太郎らしい仕事だといえる。

その2年前の71（昭和46）年のある日、重太郎は当時山荘の支配人を務めていた神憲明《じんのりあき》に「槍穂高界隈の地図を作りたいんだが、登山道の正確な距離を測ってくれんか」と持ちかけた。神が「どうやって測るんですか？」と尋ねると、重太郎はさも当然のことを言うような口調でこう答えた。

「巻き尺に決まっているじゃないか」

神は初め冗談だと思って、地図作りの仕事を放ったままにしておいた。だが、小屋締め間近になって「地図はできたかね」と催促されたことで重太郎の本気を悟り、その年と翌年の2年がかりで暇を見つけては巻き尺を片手に上高地の田代《たしろ》池から槍ヶ岳までのすべての登山道を歩き、道の長さを測ってまわった。

完成した地図はその年、山荘に泊まった宿泊者に50周年の記念品として贈呈された。

「重太郎には、一見不可能に思えることでも、手間暇かければ、何でもできる、という信念があったんだ」

英雄はこう語る。そうした重太郎の信念が最も発揮されたのが、建物の増改築のところでも述べた「土地造成（敷地の拡張）」とそれに伴う「石運び」である。

今となっては想像すらできないが、重太郎が山小屋を造る前、白出のコルは平坦部が狭く、テント一張り程度の敷地しかなかったそうだ。そのため、建物の建設や増築、前庭などを造る際、まずしなければならなかったのが、コルの平坦部を拡張する土地造成であった。

とはいえ、山の中では、下界で使うような重機の類は使えない。人の力と簡単な道具だけで、山を削り、石を取り除き、土砂を運んでいかなければならない。一坪の土地を拡張するだけでも途方もない時間と労力がかかった。そんな気の遠くなるような作業を何十年にもわたって続けてきたのである。

現在の穂高岳山荘の涸沢側に広がる石畳のテラスには大きな石のテーブルがいくつも並んでいる。それらのいくつかも、重太郎の時代に山の斜面から削り出し、庭に運んだものだ。

重太郎が初め、「この石はテーブルにちょうどいいから、庭に持っていこう」と言ったとき、

1970（昭和45）年ごろ。涸沢側の石のテーブル工事の様子。右端が英雄

若き日の英雄は「こんなデカい石、運べるわけがない」と反論した。

すると、重太郎は〝板〟と〝コロ〟と〝金梃子〟を使って大きな石を動かす方法を得意げに語り、こう言ったそうだ。

「一日1メートル動けば、10日で10メートル動くでな」

のちに述べるように、重太郎と英雄は、山での仕事の仕方や山荘の増改築を巡って、ことあるごとに意見が対立し、ぶつかり合った。だが、重太郎から学んだことも少なくなかった、と英雄は言う。

「石の動かし方と、時間をかけてやれば何でもできるんだという信念みたいなものは、私が重太郎から学んだ最も大きなことだね」

後継者問題

時間をかければ何事も成し遂げられるという信念で、山荘の仕事に取り組んでいた重太郎だったが、思い通りにならないこともあった。それが後継者問題だ。

重太郎とその妻・マキの間には子供が生まれなかった。そのため、重太郎になついていた次兄・由勝《よしかつ》の子の広勝を養子にもらって育てたが、中学2年生のときに喀血し、19歳で亡くなってしまう。同じ時期、広勝一人では寂しいだろうと妹の千代子も養女として育てていたが、千代子は

8歳のときに突然の高熱に見舞われて亡くなっている。

広勝が死んだあとには、その弟の秋雄を養子としたが、重太郎は自著に《いかにもひ弱だったので帰した》と書いている。

ただ、英雄は、「帰したのではなく、秋雄は逃げ出したのではないか」と考えている。

「重太郎は仕事一筋の人でよく働いたが、周囲の人にも自分と同じように働くことを求める人でもあったんだ。しかも体を動かすことを厭わず、新しい建物を建てるとなれば、『じゃあ、山に木を伐りに行かねば』と、そこから始まる。だが、みなが重太郎のように働けるわけではない。ついていけない人間は、つぶれるか、逃げ出すしかなくなってしまうんだよ」

そして、秋雄の代わりに養子にとったのが、長兄・金次郎の孫娘であった松井紀美子だった。金次郎の娘が栃尾《とちお》の松井家に嫁いでおり、紀美子は松井家の次女として1946（昭和21）年に生まれている。

紀美子が今田家の養女となったのは2歳のときで、4歳になると重太郎やマキが背負って山小屋へ連れていくようになる。ゆくゆくは紀美子に婿をとり、山小屋を継いでもらう。それが重太郎の思惑であった。

紀美子も、中学生ぐらいまでは山荘を継ぐつもりでいたようだ。体は丈夫で、学校はほとんど休まず、運動、特にソフトボールが好きな子供だった。中学3年生のころにはロープを使った岩登りもするようになり、夏休みに友達を連れて山荘まで上がってきたときには「ガイドの仕事も

1967（昭和42）年ごろ。20歳の紀美子（中央）と、
重太郎・マキ夫妻（左）、英雄・敏子夫妻（右）

やってみたい」と話していた。さっぱりとした性格で、山荘での登山客への対応も抜群だった。

重太郎は自著に次のようなエピソードを書き残している。

《「おフロを早くわかしてくれない？」

「クリーニングしてくれない？」

という山小屋をホテルと間違えたような人に対しては、

「ここから4、5時間おりれば、上高地というお客様向きのところがありますよ。そこでお願いします」

と皮肉まじりに答えるのを聞いたことがある。私たちがいうとトゲが出ることも、娘にいわれるとそれほどきつくならないのは、こういう山小屋にとって大切なことだった。

だから親の私がいうのも変だが、穂高岳山荘のマスコット的存在になった》

しかし、高校を卒業し、東京の短期大学に通うころになると、「山荘の仕事は自分には無理だ」と口にするようになる。

紀美子が心変わりした理由はわからないし、今となってはじかに聞くこともできない。紀美子は1970（昭和45）年、23歳という若さで膵臓壊死によって亡くなっているからだ。

だが、重太郎がどれだけ紀美子に期待を寄せようとも、英雄の目から見れば、「あの時代、女性である紀美子が山小屋を切り盛りしていくのは、どう考えても無理だった」という。

「あのころの山小屋は、電気は通っておらず、灯りは灯油ランプだけ。食事は下から背負ってきた薪を焚いて、かまどで作る。稜線上で水もとれないので、下の雪渓から雪の塊を切り出して、それを溶かして飲み水にしていたんだ。それに建物自体もまだ狭く、毎日のように収容人数の倍近い登山者がやってきては、混雑でトラブルになることも多かった。当時の山荘にはまだ文明というものがなかったんだよ」

紀美子の思いを聞き、重太郎としては彼女に山小屋を継がせることを諦めるしかなかった。しかし、穂高岳山荘は自分が苦労して一からつくり上げた山小屋である。何としても自分の子供に継がせたかった。

そこで白羽の矢が立ったのが、紀美子の兄であり、山荘には中学生のころからアルバイトでよく遊びに来ていた英雄であった。

松井家の英雄

松井家の四男として英雄が生まれたのは1942（昭和17）年11月。太平洋戦争開戦の翌年だった。

松井の家は、神岡と新穂高温泉の中間に位置する栃尾にあり、昔は魚屋や菓子屋などいろいろな商売をしていたそうだが、英雄が子供のころには食品や酒、日用品など生活に必要なものを売る商店をしていた。

小・中学校は地元の学校に通った。山あいの集落ゆえ、一学年に一クラスしかなく、生徒数は男子13人、女子13人の計26人で、9年間ほぼ同じ顔ぶれだった。

少年時代の英雄は、学業、スポーツともに優秀な生徒だった。

授業中、先生がクラス全員に質問し、手を挙げたり、答えたりする生徒がいないと、たいてい英雄が指名され、英雄も正しい答えを難なく返した。

「自分は何でも知っている子供だと思われていたんだ」

英雄はそう言って当時を懐かしむ。

もちろん、何もしないで先生の質問に答えられるわけがない。

「本はよく読んでいたよ。それと毎朝5時に起きて、朝食までの1時間、集中して勉強をしていたね。別に親にそうしろと言われたわけじゃなく、学校で何を聞かれても答えられるだけの知識を持っていたかったんだ」

運動も得意で、野球をやればピッチャーをやり、学校の代表として陸上の試合に出たこともあった。卓球やスキーもよくやった。

このように書くと「文武両道の優等生」のイメージを持つかもしれないが、英雄の場合は「ガキ大将」という言葉の方がぴったりくる。

学校の授業が終わると、友達と一緒に裏山に行っては、ヘビを捕ったり、食べられる木の実を集めたりして、日が暮れるまで毎日よく遊んでいた。毎朝早くに勉強していたのも、学校が終わったあとは遊んでばかりいたからだった。

家の仕事もよく手伝い、小学生のころには近隣に行商にも出かけていた。売上の1、2割をお駄賃としてもらえたからだ。

「農作業をしているところに『大福もち、いらんかね』と近づいていくと、『松井のところの坊か』と言ってみんな買ってくれたな。魚を売りに行くと『今晩は焼き魚にしよう』と買ってくれる。よく売れたよ」

家のトラックで、近所の人の荷物運びを手伝うこともあった。当時、栃尾の集落には松井家のトラック1台しかなく、ほかの人たちはみな背負って薪などを運んでいた。そのため、英雄が声をかけると、誰もが「じゃあ、運んでもらおうか」となり、運んだお礼にやはりお駄賃をくれた。

そうやって家の仕事や近所の人の手伝いでいつも小遣い稼ぎをしていたため、「小・中学生のころは小遣いに不自由したことはなかった」と英雄は言う。

高校は、岐阜県内で最も難しい岐阜高校を受験した。いい高校に入って、いい大学、いい会社に行きたいという考えがあったわけではなく、ただ「頭のいい同世代の人間と遊びたい」というのが、岐阜高校を選んだ理由だった。

熱心に受験勉強したおかげもあり、高校にはすんなり合格する。岐阜市内に下宿して高校に通うようになるが、ひとつ誤算もあった。進学校だけあって、まわりの生徒は勉強ばかりで、英雄自身も授業についていくのがやっとという状態になってしまったのだ。そのため、当初の目論みだった「頭のいい同世代と遊ぶ」ことはかなわなかった。

大学は中央大学法学部へ進学。大学では勉強そっちのけで、スキーや麻雀と遊びまくるようになる。また、中学生のころから山荘の手伝いで山を登っていたこともあり、ワンダーフォーゲル部に入部する。1年生の夏には静岡から直江津まで日本アルプスを40日近くかけて縦走した。

そして大学2年の夏、徳本峠で穂高の峰々との運命的ともいえる〝邂逅〟を果たすのである。

今田家の養子に

英雄が今田家の養子に入った経緯について、重太郎は自著に次のように書いている。

《(紀美子が)山荘の経営はあまり自信がないという。そこで話し合った結果、山荘のアルバイトもして気心のよく知れた、紀美子の兄英雄に養子にきてもらうことに決めたのである》

この一文からは「重太郎が英雄を養子に決めた」と読めなくもない。

だが、英雄本人に話を聞くと、重太郎が自分に声をかけてくれるように英雄自ら働きかけていたようなのだ。

「穂高岳山荘を自分の理想の山小屋にしていくには、まず何よりも今田家の人間になり、山荘の跡継ぎにならなければ始まらない。それまではただのアルバイトとして仕事を手伝っていたけれど、大学2年の夏からは重太郎に気に入られるように、とにかく一生懸命に働くようになったんだ」

　英雄が、今田家の養子となり、穂高岳山荘の後継者になろうと心を決めたのは、すでに述べたように徳本峠での出来事があったからだ。

　山荘を穂高という山に相応しい美しい山小屋にしていきたい――。徳本峠で神々しい穂高の光景を眺めたその日から、英雄はそのことに自分の生涯を捧げてもかまわないと考えるようになっていた。

　また、そのころ涸沢側では涸沢ヒュッテの新館建設が行なわれるなど、山小屋の拡充が進んでいた。涸沢ヒュッテの創設は1951（昭和26）年と、穂高岳山荘よりも四半世紀以上もあとのことだが、1960（昭和35）年にいち早く自家発電設備を導入するなど急速に近代化が進められ、いつの間にか立場が逆転していた（穂高岳山荘でエンジン型発電機が導入されたのは1966／昭和41年）。

　英雄にとってみれば、そうした山荘の後進性も魅力だった。

「当時の穂高岳山荘はまだまだ規模の小さな山小屋だったが、それがよかったんだよ。なぜなら、私がやれることがいくらでもあったから。もし山荘がすでに設備の整った大きな山小屋になっていたら、私は山荘経営に関わりたいと思わなかったかもしれないな」

　本人が語るように、英雄が穂高岳山荘の後継者になろうと考えた一番の目的は「自分が理想とする山小屋をつくり上げるため」であったことは間違いないだろう。

だが、それだけではなかったのではないか、と言う人もいる。

穂高岳山荘65周年の年に出版された『双星の輝き』（久保博司・著）の中で、英雄の妻・敏子の証言として、次のような記述がある。

《もちろん、養女になっている紀美子を助けるために自分も養子になったことは確かなようだ。妻の敏子が証言する。

「紀美ちゃんが亡くなった時、あの人は、俺は何のためにこの家に来たんだろう、と言って非常に悲しんでいました」》

かつて山荘の従業員として働き、英雄とは50年以上の付き合いのある岩片克己も次のように語る。

「英雄さんが今田家に入り、山荘を継ごうとした背景には、妹である紀美子さんへの思いやりというか、愛情があったと思うんです。山荘で自分のやりたいことをやるということだけじゃなくて。本人はそんなこと絶対に言わないですよ。でも、英雄さんと長く付き合ってきて、やはりそう感じるんです」

英雄の一人娘であり、山荘の三代目主人である恵も、「直接聞いたわけではない」と言葉を添えつつも、《父は妹を大切に思い、妹のために山荘に入ったという面もあります》（『穂高に生きる』あとがきより）と書いている。

今田家に入ることを決めた英雄の中に妹・紀美子への思いがどれほどあったのか。英雄自身が語っていない以上、想像の域は出ない。とはいえ、のちに英雄が周囲の人たちに見せる「やさしさ」を思うと、「妹のために」という気持ちが少なからずあったことも十分にうなずけることではある。

ともあれ、懸命に働く英雄の姿を見た重太郎は、「英雄は頼りになる」と見込んだのだろう。ある日、英雄にこう声をかける。

「大学を出たら、うちの養子になって、山荘の仕事をやらないか」

英雄は、自分の本心を悟られないためにいったんは「考えておきます」と返事を保留する。そして、しばらくしてから、養子の申し出を受けることを重太郎に伝えた。

山荘に入ることが決まってからは、大学生活での遊びにはさらに拍車がかかった。授業にはほとんど行かず、麻雀やスナックに入りびたりの毎日。スキーにも熱中し、12月に北海道へ渡り、南下しながら翌5月まで日本全国のスキー場をハシゴしたりもした。お金はいくらでもあった。というのも、松井家と今田家の両家から学費をもらっていたからだ。もちろん双方の親には内緒だった。

跡継ぎの条件

1965(昭和40)年3月、英雄は4年で大学を出ると、予定通り、東京から神岡へと戻り、今田家に養子として入った。ただ、当時は養子になったものの、まだ山荘の跡継ぎとして正式に認められたわけではなかった。重太郎はそれまで養子には散々苦労してきたため、英雄が本当に大丈夫かどうか見極めたいという考えがあったのだろう。そのため、英雄も「しばらくは重太郎の言うことを素直に聞いて働いていた」という。

このころ、山小屋の仕事を劇的に変える、あることが始まっている。ヘリコプターによる荷上げである。

それまでは山小屋で使う食料、燃料、資材などはすべて人力で荷上げしていた。英雄も大学時代にアルバイトとして山荘を手伝っていたときには、炊事に使う薪や食料など40キロ以上の荷物を背負って、何度となく白出沢を登っていた。そうした歩荷の仕事が山小屋で働く人間にとっては大きな負担となっていたが、1964(昭和39)年にヘリコプターによる荷上げが始まったことで負担が大きく軽減されることになった。

「もし山荘に入るのが10年早かったら、私自身も相当につらい目にあっていたと思うんだ。当時、登山者の数も年々増えており、それに伴って必要な食料、燃料の量も増えていた。人力の歩荷だけでは山小屋を維持できない時代がもうそこまで来ていたんだよ。そんなとき、ヘリコプターという革命的な物資輸送の手段を得たことで、山小屋での仕事や生活は大きく変わっていったんだ」

60〜70年代、始まったばかりのヘリ物輸は年に数回程度で、しかも少しでも天候に不安があればフライトは見送られた。そのため山小屋の物資輸送の主役とはいえず、しばらくはまだ人力による歩荷で日常物資を荷上げする必要があった。それでもヘリコプターを使えば人の力では担げない重さや大きさのものも山の上に上げることができたし、機体の性能やパイロットの技術が向上していくにつれて、山の物資輸送はヘリが中心的に担うようになっていく。その意味で大きな時代の転換点だったといえる。

英雄が山荘の正式な後継者となったのは、1967（昭和42）年のこと。そのころ紀美子は「自分には山荘の仕事はできない」と重太郎に告げており、重太郎としても英雄に頼むよりほかになかったのだ。

重太郎は、英雄に今田家と山荘の跡継ぎになってもらうにあたり、ひとつの条件を出した。敏子との結婚である。

敏子は、重太郎の末弟・友茂の娘であり、重太郎と敏子は伯父と姪の関係となる。生まれたときは横浜に住んでいたが、3歳のときに父親の友茂が戦死したため、母親とともに飛騨へ帰ってきていた。重太郎の自宅の横に間借りをしていた時期もあり、重太郎にとっては気心の知れた可愛い姪っ子だった。敏子が高校を卒業した年には「結婚してうちに来て、紀美子の後見人になってくれないか」と声をかけるほど信頼も寄せていた。

そんな敏子を英雄と結びつけることで、わが山小屋を安心して任せられるようにしておきたかったのだろう。

英雄自身も、そうした重太郎の思惑がわかったうえで、敏子の存在を必要とした。

「重太郎夫妻は仕事にも生活にも厳しい人だったから、普通の女性では嫁に来ても、やっていけないことは目に見えていた。しかし、敏子であれば、何とかやっていけるんじゃないかと思ったんだ。それに私は山のことを一生懸命にやるつもりだったけれど、下での経理などを誰かに見てもらう必要があった。その点においても、重太郎から信頼されている敏子は適任だったんだよ」

敏子には、英雄自ら「結婚してほしい」と申し出た。そのとき「俺は山小屋のことをやるから、おまえは経理をやってくれないか」と、生活をともにする結婚相手というよりも、事業を一緒に行なうパートナーを口説くような言い方をしたのは、いかにも英雄らしい。

敏子自身もこんな言葉を残している。

《「帳簿は初めっから私。お嫁に来たとたんポンと渡されて（中略）初めにそれは条件で来たの。結婚する時に、お前は帳簿の方をやってくれないかと」》（『双星の輝き』）

一方、英雄からも、跡継ぎになることを受けるにあたって、２つの条件を出した。

重太郎夫妻と英雄

ひとつは穂高岳山荘を会社組織にすること。

それまでの山荘の仕事は、たとえば自分の家の田畑を耕す農作業と同じように、いわば今田家の家仕事として扱われてきた。そのため、家族や親戚以外に歩荷や大工などの作業を頼んだときには日当を払っていたが、家の人間の働きに対しては家主である重太郎が幾ばくかの金を小遣いとして渡すだけだった。家族は労働力であり、家の仕事をするのは当たり前。外の人に仕事を頼めば賃金を払わなければならないが、身内であればお金はいらない。それが明治生まれの重太郎の感覚だった。

しかし、英雄としては「これからの時代、それではやっていけない」と思っていた。それに、お金が足りなくなったり、必要になったりするたびに、いちいち重太郎に小遣いをもらわなければならないのも、わずらわしかった。そこで山荘を会社組織にして、自分たちも重太郎夫妻も全員給料制にしたのだ。

また、会社組織にしたのは、お金の管理を適正に行なう目的もあった。

英雄が今田家に入って間もなく、税務調査に入られたことがあった。重太郎にとって山荘は家の仕事だったため、当然、帳簿はまったく整理されておらず、どれだけの売上があり、経費がいくらかかり、利益がどれだけ上がったか、などのことはまったく把握できない状態だった。あまりの杜撰さに税務署員は怒り、現金と帳簿をすべて出させたうえで、収入の大半を税金として持っていってしまった。

そんな苦い経験をしていたからこそ、英雄は山荘を会社化して経理を正しく管理しようとし、重太郎もそれを受け入れたのだ。

そして、2つ目の条件が「流葉《ながれは》ロッヂ」の建設だった。

重太郎は、山荘とは別に、冬の間の仕事として自宅でスキー販売店を開いていた。だが、英雄としてはスキーを売る仕事はやりたくなかったため、自宅近くの流葉スキー場でロッジをやりたいと重太郎に申し出たのだ。ロッジを新設して自分が主体となって運営することで、経営の一端を担いたいという考えもあった。一方、重太郎としても、ほかの山小屋の主人たちが従業員の冬の働き場としてロッジを経営しているのを見ていたので、英雄の提案に異論はなかった。

工事は67年春から始まり、完成したのはスキーシーズンに入ってすぐの12月。流葉のスキー場としては初の鉄筋コンクリートの2階建てで、ヨーロッパ風のモダンなデザインに英雄のこだわりが表れている。

こうして英雄は、24歳のときに穂高岳山荘の正式な跡継ぎとなった。

当時はまだ重太郎も山に入っており、山荘のことすべてが思い通りにできたわけではなかったものの、理想の山小屋をつくっていく第一歩を踏み出したのである。

流葉ロッヂ前の英雄

第2章——わが道を行く

山の清掃

1967（昭和42）年、晴れて穂高岳山荘の後継者として山に入ることになった英雄は、それまでのように重太郎に言われたことを指示通りにやるのではなく、理想とする山小屋を実現するための行動に移りはじめる。

「山荘を会社組織にしたとはいえ、重太郎が人の何倍も働き、同じことを身内に求めるのは変わらないわけだ。重太郎に言われるがまま働いていたら、いつかはつぶされてしまう。だから、後継者として認められてからは、ああでもない、こうでもないと言って山荘の通常業務を一切やらず、自分のしたいことをやりはじめたんだよ」

最初に手がけたのが、山の清掃だった。

今では信じられないことだが、当時はごみを山に捨てて帰るのは当たり前で、奥穂高岳や前穂高岳などの山頂には金網のごみ箱が設置されていたし、登山者は平気で登山道の脇などに残飯や弁当を食べたあとの包み紙や空き容器、空き缶などのごみを投げ捨てていた。山小屋の従業員も、ごみを集めて荷下ろしするという発想はなく、燃えるものは山で燃やし、燃えないものは穴を掘って埋めるか、人目につかない谷底に捨てていた。

英雄は、そんなごみだらけの山を、まずはきれいにしようとしたのだ。

「徳本峠から眺めた穂高の山は、まさに神が住むような荘厳さと美しさだった。しかし、その美しい山の中に入ると、あちこちにごみが散乱し、奥穂の山頂にはごみの山ができている。まずは山をきれいにしないことには山小屋の経営もないだろうと、それでごみ拾いを始めたんだよ」

大変だったのは、当時の従業員たちである。山小屋でごみが出れば、重太郎はこれまで通り、「谷に捨ててこい」と言う。その指示に従って谷にごみを捨てて戻ってくると、今度は英雄が「山が汚れるから拾ってこい」と拾いに行かせる。すると重太郎が「あそこは昔から捨てていたところだからかまわない」と、また捨てに行かせる。そんなことを何度も繰り返していた。

それでも英雄は、粘り強くごみ拾いを続けた。その範囲は小屋のまわりだけでなく、奥穂、涸沢岳など周辺の山頂にまで及んだ。重太郎が穴を掘って埋めたごみも掘り起こしては回収していった。

範囲が広く、ごみの量も多かっただけに、山の清掃は何年にもわたって続けられた。そのため、このころ山荘で働いていた従業員やアルバイトは、誰もがごみ拾いを経験している。そして不思議なことに、当時を回想して語るその口調はみな楽しげなのだ。

70年代に山荘で働いていた岩片克己《いわかたかつみ》もその一人。

「英雄さんの指示は徹底していましたね。たばこの吸い殻やマッチの軸などの細かいごみはもちろん、見えるところだけじゃなく、石を動かして隠れているごみもすべて拾え、と。同じ場所に何度も通って、完全にごみがなくなるまで拾っていました」

克己の妻で、山荘でアルバイトをしていた久子は、初めて山荘に入った日の翌日、ジャンダルムまでごみ拾いに連れていかれたそうだ。

「英雄さんから『今日はジャンダルムまでごみ拾いに行ってきなさい』と言われて、私は何も知らないから『はーい』なんて気軽に返事して。それで克己さんに連れていってもらったんだけど、途中で立って歩けなくなって、四つんばいになって進んでいったんです。あとから、ほかの人に『そんなところ、初めての人が行く場所じゃないよ』って言われましたね」

克己の従妹で、のちに三代目支配人・宮田八郎の妻となる宮田和子も、高校1年生で初めて穂高岳山荘に行ったとき、英雄に言われて、ごみ拾いを手伝っている。後年、従業員として山荘で働くようになってからは、ごみ拾いをするほかの従業員のためにお茶や食事の支度をするのが仕事となった。

「たしかそのころは白出沢のごみを集中して拾っていたんです。昔は大小便をチリ紙と一緒に沢に流していたから、そこら中の岩に紙がひっついて残っていました。私が『お茶ですよ～!』『ご飯ですよ～!』と白出沢側に向かって大声で叫ぶと、ごみ拾いに出ていた従業員たちが『今日はいっぱい拾えたな』とワイワイ言いながら上がってくるんです。英雄さんも率先してごみ拾いに出て、みんなで楽しそうにやっていましたね」

奥穂高岳山頂付近でごみや空き缶を拾う従業員たち

山岳地域での美化活動は、1963（昭和38）年に「上高地を美しくする会」が設立されるなど、その兆しが見えはじめていた。だが、山の上ではまだ一般的ではなく、英雄のように一山小屋の人間が山での清掃活動に力を入れるのは先駆的であった。

70年代に入ると、国もやっと山の美化清掃活動に本腰を入れはじめる。1970（昭和45）年には林野庁（中部森林管理局）が、それ以前からあった高山植物の保護巡視員を発展させて、グリーンパトロール隊を発足。同隊は高山植物の保護管理に加えて、登山客の誘導や清掃活動をその役割とした。環境庁も各地の美化清掃団体の活動に補助金を交付したり、1979（昭和54）年には「財団法人自然公園美化管理団体」（現在の「一般財団法人自然公園財団」）を発足させる。のちに岐阜県警山岳警備隊に入隊し、穂高岳山荘や今田英雄と深く関わることになる谷口光洋《たにぐちみつひろ》は、高校生だったときにグリーンパトロール隊に参加し、その活動を通じて初めて穂高を訪れている。

岐阜県側から入山した谷口は、各所の山小屋に泊まらせてもらいながら、笠ヶ岳、双六岳《すごろく》、槍ヶ岳、南岳、北穂高岳と順々に回って、高山植物の巡視やごみ拾いを行なっていた。涸沢岳付近まで来たとき、登山道周辺の様子がこれまで歩いてきた山とは明らかに違っていることに気づいた。ごみがほとんど落ちていなかったのだ。

「涸沢岳のまわりは、ほかのエリアと比べてすごくきれいなんです。なんでだろうなと思いながら、目についた細かいごみだけ拾って、穂高岳山荘に向かいました。そのとき英雄さんにも初めて会ったんです」

ほかの隊員から「あそこの小屋のオヤジは厳しい人だから、心して行けよ」と忠告を受けていたため、10代の谷口は少し緊張して英雄にあいさつをした。すると英雄は、予想に反して、やさしい言葉をかけてくれた。

「英雄さんは『自分はとにかく山をきれいにしたいと思っている』『そのためには君たちの力が必要なんだ』と言うんです。しかも、ほかの山小屋では食事をして泊まらせてもらうだけなのですが、『君たちは本当によくやってくれているから』と飲み物まで出してくれたんです。そうやって気を使ってもらえたら、こちらも意気に感じて、穂高周辺は特にきれいにしようって一生懸命にごみ拾いをしますよね。そのころから英雄さんは、人の心をつかむのがうまかったんです」

初代支配人、神憲明

今でこそ、山小屋に「支配人」、すなわちオーナーに代わって現場の一切の業務を取り仕切るマネージャー的な立場の従業員がいることは普通だが、英雄によれば「山小屋に支配人という役職を置いたのは穂高岳山荘が初めてだった」という。

穂高岳山荘の初代支配人は神憲明である。

神は大学時代の4年間、毎年の夏は山荘にアルバイトとして入っていた。拓殖大学の陸上部に所属し、箱根駅伝の出場をめざすランナーでもあった。性格は極めてまじめで、長距離走を専門にしていたため体力もある。重太郎からも信頼されていた。

神が4年目の夏のアルバイトを終えて山を下りる日、英雄は神にこう打診した。「大学を卒業したら、うちに来て働いてもらえないか」と。

英雄が神に期待したのは、自分と重太郎の間に入ってもらうことだった。

「ごみ拾いなど自分のやりたいことをやるようになってから、重太郎とぶつかることが多くなり、折り合いが悪くなってきたんだ。だから、間に入ってくれる人が必要で、重太郎から信頼されている神くんにその役割を担ってもらおうと考えたんだ」

神としては、箱根出場という目標を最優先に置いていたため、そもそも就職のことは二の次にしていたが、英雄からの誘いを受けてまんざらではない気持ちになった。自著『雲の上の支配人23年間の穂高岳山荘生活記』の中でこう書いている。

《就職活動はちょっと横に置いて、箱根に専念しよう……そう考えた時、箱根の向こうに穂高山荘がはっきり見えた》

だが、その話を家族に打ち明けたとき、母親からは「おまえは世捨て人になる気か！」と大反対されてしまう。神は説得を試みるも、自分の思いをうまく伝えることができなかった。

《「いや、違うんだ。そんなんじゃないんだ」

私はそう言うばかりで、およそ説得力のある釈明などできなかった。

ただ、やみ難き穂高への思いに取りつかれ、そのあげくそこに職を得ようとしているのだから……。

山小屋の将来がどうなっていくのか皆目見当などついていないのだから……。

私の口から出る言葉が多ければ多いほど、それを聞いた者の不安は増大したに違いない。しかしこの難関も兄の一言で片がついた。

「好きにさせてあげればいいじゃないか」》(同)

穂高岳山荘に入社するにあたり、神は英雄に一通の手紙を書いている。

そこには自分が山荘に入る条件として、「初年度の年収として100万円を保証すること」「支配人としての役職を自分に与えること」などを了解してほしい旨が書かれていた。まだ入社もしていない人間が、自分が雇用される条件を自ら提示するなど、一般の会社であればあり得ないことだろう。だが英雄は、そんな神の要求をかえって面白がり、そのすべてを承諾した。ここに「穂高岳山荘初代支配人・神憲明」が誕生したのである。

なお、余談になるが、神が「山小屋で働きたい」と言ったときの母親の反応は、当時の世間一般の山小屋のイメージをよく表している。

神はほかにも友人から「山小屋に就職するなんて仙人になるつもりか」「金はもらえるのか？霞を食べて生きるわけにはいかないぜ」などと心配されたと書いている。就職先として山小屋を選ぶのは「世捨て人」や「仙人」になることと思われていたのだ。

神の数年後、やはり英雄に誘われてアルバイトから従業員となった岩片克己も「山荘で働きたい」と家族に伝えたら、同じように大反対をされたという。
「親父からは『馬鹿野郎！　おまえは何を考えているんだ！』と怒鳴られるし、親戚中から思い返すように言われたんです。幸い、姉が味方になってくれて何とか説得できましたが、大変な思いをしましたね」

神が支配人として山荘に入るようになってからは、英雄の思惑通り、重太郎は神に仕事の相談をしたり、任せたりすることが増えていく。重太郎が神に目をかけ、英雄を差し置いて、神にばかり頼み事や仕事を任せていたことに対して、「英雄さんはやりにくかったんじゃないか」と言う人もいる。だが、ほかならぬ英雄自身が、そうなることを目論み、あえて自分が蚊帳の外に置かれるようにしていたのだ。

前章で述べた「槍穂高連峰詳細図」も、実は初め重太郎は英雄に持ちかけたが、英雄が断ったため、神にお鉢が回ったのである。

重太郎が山を下りた10年後の１９８３（昭和58）年には、白出沢の徒渉点で登山者が流される事故があった。登山道には並々ならぬこだわりを持っていた重太郎は、英雄を呼んで「橋を架けるように」と指示したが、英雄はその話を「親父の気のすむようにしてやってくれ」と神に振ってしまう。そこで神は、現場の地形などを考慮し、冬は取り外しができる吊り橋を架けることにした。このときの吊り橋はその後、１９８８（昭和63）年に泥流によってあえなく流失してしまったが、その地点は今も「重太郎橋」という名で呼ばれている。

増築を巡る対立

英雄が大学を出て山荘に入るようになったころ、重太郎は60代後半になっていた。だが、山小屋経営への熱意はまったく衰えていなかった。

あるときには、白出から西穂高岳へ上がる道を造りたい、と英雄に語った。重太郎が常々「道がなければ人は来ない」と考えていたことは、すでに書いた。道造りに強いこだわりを持っていたからこそ、重太郎新道を拓き、涸沢から山荘までの道や白出沢の道の整備にも執念を燃やしたのである。だが、英雄に言わせれば「個人が勝手に道を造る時代ではもうなかった」のだ。

「重太郎が、白出から西穂への道を造りたいと言ったとき、『俺は手伝わない』とはっきり言ったんだよ。他人の土地に勝手に道を造って、何とか新道と呼ぶような時代ではもはやなかったからね。でも、重太郎としては、重太郎新道を拓いたときと同じ感覚でいたんだ」

白出沢の出合にあった荷継《につぎ》小屋（通称「白出小屋」）を宿泊もできる営業小屋にしたいと言ってきたこともあった。そのころ、蒲田川右俣から白出沢を経て白出のコルへと至るルート上には3軒の荷継小屋があり（柳谷出合、白出沢出合、白出沢内の岩切り道の上の3カ所）、１９６９（昭和44）年に建てた白出小屋は行政からの要望もあり、2階建ての立派な建物が建っていた。しかし、このときも英雄が反対し、実現することはなかった。

「小屋を複数営業すると、どうしても力が分散してしまう。それに宿泊営業となると、少し下にあった穂高平小屋と競合するし、さまざまな許可を取らなければいけないので、ややこしいという事情もあった。私としては、穂高岳山荘を理想の山小屋にするのが第一だったから、あちこちに手を広げて山荘の戦力が減るのは避けたかったんだ」

山の清掃、登山道、山荘の運営……あらゆることで考えがぶつかった重太郎と英雄であったが、意見が一致していることもあった。それは白出のコルの土地を広げなければならないこと、すなわち土地造成について、である。

1950年代中ごろ、日本山岳会隊のマナスル初登頂（1956／昭和31年）や、井上靖の『氷壁』の連載が朝日新聞で始まったこと（1956／昭和31年）などを受け、日本では一大登山ブームが巻き起こり、大勢の人々がアルプスの山々をめざすようになっていた。

穂高岳山荘は、1958（昭和33）年に完成した新しい飛騨側棟（現在の本館）によって100人を収容できる規模になっていたが、それでも追い付かず、増え続ける登山客の対応に苦慮していた。重太郎も英雄も山荘をさらに3倍の大きさにする必要があると考え、そのためには敷地をもっと広げなければならなかったのだ。

また、英雄が土地造成にこだわったのは、「美しい山小屋をつくりたい」という理想の実現とも深く関わっていた。

「奥穂高岳、前穂高岳、涸沢岳、ジャンダルム……山荘を取り囲む峰々の姿はどれも端正だ。ならば、その真ん中にある山荘も、まわりの風景と同じように整然としたものにしたかった。そのためには敷地が細く、くねくねと曲がっているようではダメなんだ。まっすぐで端正な建物を造り上げるには、建物を建てる敷地も広々とまっすぐなものにする必要があったんだよ」

土地造成は、登山客が集中する最盛期や、まだ雪の残る春先はできない。たいていは秋になり、登山客が減って従業員の余裕がある時期に集中して行なっていた。斜面を削り、石を取り除き、土砂や石を運ぶ――そんな重労働を毎年繰り返した。そして、英雄が山荘に入るようになって6年ほどが過ぎたころ、やっと十分な敷地ができて、増築計画が本格的に動きだした。


だが、新しい建物の建設を巡って、再び重太郎と英雄は対立する。

当時、白出のコルには、本館と、その奥穂側に旧館があった。重太郎は初め、旧館を解体し、そこに受付や食堂、厨房などの機能を持つ新しい建物を自分の手で造りたいと考えていた。だが、英雄もまったく同じ構想を持っていたのだ。

「食堂や厨房は山荘の心臓部に当たる。それをどう作るか。私の中にはすでに具体的なイメージがあったんだよ。それに旧館は、重太郎が人夫と協力して、立ち木の伐採から行ない、製材したものを自ら背負って荷上げし、造り上げた建物なんだ。思い入れがあるから、解体して新たに建てるときには、必ず古い木材を交ぜて使うことはわかっていた。そんなことをすれば、強度が落ちてしまい、長持ちしない建物になってしまう。それは絶対に避けなければならなかったんだ」

そこで英雄は、重太郎に次のような申し出をする。旧館の建て替えは自分にやらせてほしい。その代わり、涸沢岳側に新たに建てる宿泊棟（のちの新館）は好きにやってもらってかまわないし、一切口出しはしない、と。

だが、重太郎にもこれまで山荘を造ってきた者としての自負があったのだろう。

「重太郎は『この山小屋はわしが造ったもので、どうするかはわしの権限だ』と言って、ものすごく腹を立てていたね。増築を巡って、私と重太郎の関係はそれまで以上に悪くなってしまったんだ」

それでも英雄は一歩も譲らなかった。旧館の建て替えをするには土地造成がまだ十分ではないとか、環境庁に提出する書類作りに時間がかかっているとか、さまざまな理由をつけて先延ばしにして、涸沢岳側の宿泊棟の着工を先に進めてしまったのだ。

その結果、1973（昭和48）年にまずは涸沢岳寄りのスペースに新たな宿泊棟（新館）が完成。この年はちょうど山荘創設50周年の節目の年だったため、できたばかりの新館に山岳界の重鎮を招いての記念パーティを開催した。差配したのは英雄と神であった。

そして重太郎は、この年を最後に、山を下りる決断をする。

1974（昭和49）年ごろ。手前から旧館、本館、新館。
75年には旧館を解体し、新々館を建設する

理由は持病の神経痛の悪化だった。重太郎の足は、長年にわたって酷使し続けていたため、50代後半から神経痛に悩まされるようになり、63歳になった年（1961／昭和36年）には新聞に「重太郎さん、引退か」と書かれるほどであった。それでもわが山小屋を経営するため、「その後も気力と執念だけで毎年登ってきていた」と英雄は述懐する。

だが、その気力ももはや限界だったのだ。

引退を決意した年、重太郎は74歳だった。白出のコルに山小屋を築いて半世紀。重太郎は常に穂高とともにあり、〝穂高に生きた〟半生だった。

新館の建設と50周年をもって初代・重太郎の時代は終わった。

そして、二代目・英雄の時代へと本格的に移り変わっていくことになる。

新々館とヒノキ信仰

重太郎がまだ山に入っていたころから、英雄は山の清掃など理想の山小屋づくりのために動きだしてはいたが、それでもまだ〝雌伏〟の時を過ごしていたといえる。最初にごみ拾いから始めたのも、山をきれいにするという目的の一方で、「重太郎が山を下りるまでの時間稼ぎの側面もあった」と英雄は語る。

しかし、1973（昭和48）年を最後に重太郎が山を下りると、それまでじっとため込んでいた山小屋づくりへの情熱とエネルギーを解放するように、たちまち〝雄飛〟する。

真っ先に着手したのは、重太郎との関係がどれだけ悪くなろうとも決して譲らなかった旧館の建て替えである。

1973（昭和48）年から75（昭和50）年にかけて、英雄は従業員とともに奥穂側の尾根をさらに削ると同時に、涸沢に面した前庭を広げて敷石を並べていった。このころの英雄は、暇さえあれば新々館の設計図とにらめっこをしていたという。

そして1975（昭和50）年、旧館を解体し、食堂・受付棟である新々館を完成させる。それは人々の意表を突く斬新な建物だった。メインの食堂は1、2階が吹き抜けになっており、スペースのかぎられた稜線の山小屋であるにもかかわらず、狭さや閉塞感とは無縁で、ゆったりした開放感を味わえる。従業員用の浴室は2階に作った。建材には、見た目が美しく、耐久性もあるヒノキを贅沢に使った。


このヒノキ材の使用は、思わぬところで恩恵をもたらしてくれた。

それは新々館が完成した翌年の入山時のことだ。

新々館の屋根組みは、一般的な梁ではなく、登り梁という特別な工法を用いていた。それは軒桁から棟木まで直接梁を渡す方法で、天井を高く見せ、食堂の空間をより広く演出するための英雄のこだわりであった。

前年に下山する際、建物の上に降り積もる雪の重みに耐えられるよう、登り梁には鉄パイプの支柱で支えをしておいた。だが翌春、小屋開けのために入山し、新々館の中に入ると、鉄パイプの支柱がずれて、登り梁が下方に30センチほど大きくたわんでしまっていたのだ。

英雄にとっては、こだわり抜いて造った、自分の作品ともいえる建物である。ひと冬の間、雪の重みでたわんでいたとしたら、もう手遅れかもしれない。それでも一縷の望みを託して、その場にいた全員で必死になって厚く積もった屋根の上の雪を取り除いていった。すると、雪の重みから解放されるように、天井の登り梁が徐々に元の状態へと戻っていったのである。

「スギなどのほかの木材を使っていたら折れてしまっただろうし、鉄だと曲がったまま、元に戻ることはなかったと思うんだ。まさにヒノキ様様だなと」

この出来事がきっかけとなり、英雄は絶対的ともいえる「ヒノキ信仰」を持つようになる。以後、山荘の床、壁、柱などはもちろん、テーブルやごみ箱、下駄箱に至るまで、すべてのものをヒノキで作っていくことになる。

石運びのアルバイト

現在の穂高岳山荘の涸沢側には、ここが北アルプスの稜線上であることを忘れさせてくれるような石畳のテラスが広がっている。大きな石のテーブルがいくつも並び、天気のよい日中には登山者や宿泊客の憩いの場となっている。

この石畳のテラスができたのも、英雄の時代になってからである。

1973（昭和48）年、英雄は涸沢側の敷地の本格的な拡張工事に着手した。

コルの敷地を拡張するには、いくつかの段階がある。

最初に行なわなければならないのが、谷側に石垣を積むこと。その石垣の位置が、拡張後の敷地の範囲となる。石垣を積むのと同時に、石垣の内側には石や土砂を入れて地面をかさ上げしていく。この作業を延々と繰り返し、かさ上げされた地面がコルの地表面とほぼ同じ高さになったら、石を敷いて石畳状に仕上げていくのだ。また、石垣は防風壁の役割もあるので、地面よりも高くまで積んでいく。

敷地の拡張や敷石は、こうして言葉で説明すれば簡単に済んでしまうが、実際の作業には途方もない時間と労力がかかる。石垣や石畳に使う石は、ひとつひとつが大きく、運ぶにも動かすにもたいてい一人では無理で、複数の人手がいる。また、地面をかさ上げする石や土砂も、量が量だけに必要な分を運ぶのは大仕事となる。

石垣の積み方にもコツがいる。石垣積みの難しさと面白さについて、支配人の神は次のように書いている。

《町の石工に頼もうにも、野積といって自然石をそのまま積んでいく古い方法を知る者はいない。

そこで私は重太郎さんの積んだ石垣を手本に、見よう見まねでやり出した。

これは多様な形をした石という立方体のパズルのようだ。

しかも、最終的には力学に適った構造ではないと、いく日もしないうちに崩れてしまうのである。ある山小屋では、石垣ができた完成祝いをその上でやっているうちに、ドドッと崩れ去ったという。

確かに難しくはあるが、それだけにおもしろいものであった。

〈こんなおもしろいこと、重太郎さんひとりが楽しんでたんだ！　雨が降り出しても気がつかないほど熱中していたわけだ！〉

とこの時になって初めて、かつての重太郎さんの行動を理解することができた》（『雲の上の支配人』）

石垣を積み上げていくにも、広げた敷地に石を敷いていくにも、ちょうどいい形、大きさの石を集めなければならない。尾根を削った際にも石は出てくるが、それだけでは足りなかったため、涸沢岳の斜面に転がっている石を運んできて使っていた。ただ、かなりの数が必要だったため、従業員だけでは明らかに人手不足だった。

そこで英雄がひとつのアイデアを出す。

当時、敷石の仕事を任されていた岩片は楽しげにこう振り返る。

「英雄さんはチョークを持って涸沢岳の斜面を登っていき、ちょうどいい石を見つけると、これは500円、これは1000円、と書いていくんです。そのころ山荘には、英雄さんの母校である中央大学をはじめ、関西大学や東海大学の山岳部の学生たちがよくアルバイトに来ていました。英雄さんが値段を書き終えると、山岳部の学生たちが『じゃあ、行ってきます！』と背負子を担いで斜面を駆け上がっていくんです。彼らはみな力自慢ですから、500円の小さな石なんて持ってこなくて、常に大物狙い。夕方までに何往復もしてかなりの額を稼ぐと、『これ、サービスね』と500円の石をおまけに置いていってくれたりもしました」

さらに人手が欲しいときは、宿泊客にも声をかけてアルバイトを募り、手伝ってもらっていた。同じころ、山岳写真家・山本和雄の助手として山荘に出入りするようになっていた写真家の内田《うちだ》修《おさむ》は回想する。

「石畳のテラスでテーブルとして使っている大きな石を運ぶとき、従業員だけでは動かせないとなって、急きょお客さんから人手を募ったんです。従業員もお客さんも一緒になって大きな石を運んだのは面白かったですね」

空気の缶詰

重太郎という〝枷〟がなくなったことで、英雄は山荘の建物や石垣・石畳だけでなく、山の清掃でも次々と斬新なアイデアをかたちにしていく。

英雄たちが懸命にごみを拾っても、登山者が登ってくるたびにごみを捨てていけば、いつまで経っても山のごみは減っていかない。登山者に「山にごみを捨ててはいけない」という意識を浸透させつつ、山をきれいにするにはどうすればいいか——。

そこで1973（昭和48）年から始めたのが、「空き缶10個で絵はがき1枚あげます」という作戦だった。1シーズンで約2万個の空き缶が集まると見込んで、絵はがきは2000組用意した。前代未聞の試みだったが、英雄の狙いは見事にはまり、一日に20、30人は空き缶を山荘まで持ってきてくれるようになった。

こちらが面白い仕組みをつくれば、それまでごみを捨てる側だった登山者も、山を美しくしていくための味方にできる。絵はがき作戦で手ごたえをつかんだ英雄は、次の一手を打つ。それが1977（昭和52）年から売り出した「空気の缶詰」だ。

それまで従業員や登山者が拾い集めた空き缶はヘリコプターで荷下ろししていた。ごみの荷下ろしにはもちろん費用がかかる。できるなら、ごみの量は少なくしたい。そのためには登山者一人一人にごみを持って下りてもらう必要があった。

空気の缶詰とは、飲み物の空き缶に山の写真を巻きつけ、飲み口にシールを貼りつけただけのものだった。写真はプロのカメラマンが撮ったものであり、「標高3000m　穂高の空気」と書かれていた。値段は1個200円。登山者には穂高岳登山の記念として「空気の缶詰」を買って自宅まで喜んで持ち帰ってもらいつつ、山荘の売上も増やしてしまおうという、英雄の遊び心が込められた一石二鳥のアイデアだった。

この空気の缶詰はテレビや新聞などで紹介されて大きな話題となり、山荘の人気商品となった。

「本来は捨てられるはずの空き缶を、登山者がお金を払って買ってくれて、しかも自分たちで持ち帰ってくれるんだから。すごい発想だと思いました」

そう語るのは岩片克己。英雄が思いつくアイデアは、一緒に働く従業員をも驚かせ、楽しませていたのだ。

また、「空気の缶詰作りは、われわれの仕事だったんです」と教えてくれたのは、谷口光洋。グリーンパトロール隊として初めて穂高に登った谷口は、高校卒業後、岐阜県警に入り、山岳警備隊に入隊。山岳警備隊は１９７３（昭和48）年から夏山シーズンなどの穂高岳山荘への常駐勤務を始めていた。つまり、谷口の言う「われわれ」とは「山岳警備隊の隊員」のことである。

「従業員は登山者の応対をしたり、食事を作ったりと忙しいけれど、われわれは遭難が起こらなければ暇なもんで、できることはやろうといつも山荘の仕事を手伝っていました。その流れで空気の缶詰作りもやるようになったんです」

作業の手順はいたって単純だ。空き缶を洗い、乾かして、写真を巻きつけて、飲み口と底にシールを貼るだけ。何年かの間、それが常駐中の山岳警備隊員たちの仕事となる。

「英雄さんは『こんな仕事、金を払ってまでアルバイトにさせるのはもったいない。警備隊も暇つぶしのつもりでやってくれればいい』と楽しそうに言うんです。実際、よく売れたので、作っているわれわれも面白がりながらやっていましたよ」

太陽のロビー〜空間づくりへのこだわり

英雄が山小屋づくりで特にこだわったのが、いかに空間を演出するか、ということである。

山小屋によっては、食事でほかの小屋との差別化や登山客へのサービス向上を図ろうとするところもあるが、英雄は「食事は特別に贅沢なものを出さなくてもいい」と語る。美味しい食事は下界でいくらでも食べられる。わざわざお金と時間をかけて山を登りに来た登山者に、街で食べられるようなものを出してもしょうがない。そう考えていた。

代わりに英雄が知恵を絞り、お金もかけたのが「空間」だった。

一日歩いた体を休め、ゆっくりとくつろげる空間。訪れた人に驚きや感動を与える空間。標高3000メートルの稜線の山小屋だからこその体験ができる空間——そうした空間づくりに情熱を傾けたのだ。

先に述べた、登り梁を使った吹き抜けの食堂もそのひとつである。

また、石畳のテラスにも、登山者がそれと気づかない演出が施されている。涸沢方面からザイテングラートを経由してやってきた登山者は、山荘の敷地に入る前、石畳よりも少し高い位置に上ってから数段の石段を下りて、テラスに降り立つように道が造られている。

その狙いも「広さの演出」だと英雄は言う。

「見る位置によって、同じスペースでも広さの感じ方が変わるんだよ。かぎられた空間をいかに広く見せるかということは、私が山小屋づくりをする中で常に心がけたことなんだ」

英雄の空間づくりへのこだわりが最も象徴的に表現されているのが、1987（昭和62）年に完成した「太陽のロビー」だろう。

太陽のロビーは本館1階にあり、もともとは食堂として使われていたスペースだった。新々館に新しい食堂ができたことで、しばらくは受付や管理室として使っていたが、のちに壁などを取り払ってロビーに改装した。

中央には「みにくいアヒルの子」という名で呼ばれているデンマーク製の薪ストーブがあり、その周囲には八角形のテーブルとイスを置いた。東の涸沢側と、図書コーナーのある西の白出沢側には、それぞれ大きな窓が幅広につけられ、まるで映画のスクリーンのようになっている。

毎朝、東の空に太陽が昇ると、ロビーの中は徐々に明るくなり、やがて窓から差し込む朝日によって空間全体が金色の輝きに満たされるようになる。また、夕刻には西の空に沈む夕日が差し込み、ロビーは赤く染まる。光の色彩や濃淡は、季節や時間、天候などによって千差万別に移ろい、一度として同じ瞬間はない。そうした刻々と変化する光のドラマ、3000メートルの稜線だからこそ出会うことができる壮大な自然のドラマを堪能する客席として、このロビーを作ったのだ。

太陽のロビーは構想から完成までに何年も要している。それは英雄が細部にまでこだわり抜いたからである。

ロビー全体の壁、床、イスはすべてヒノキ造り。テレビやオーディオ機器も置き、当時の最新モデルを揃えた。ストーブに使う薪は、わざわざヘリコプターで荷上げしたナラ材を使っている。

特に時間がかかったのが、窓から見える景色の〝演出〟だ。

あるとき、英雄がロビーのイスに座って東側の窓を見ると、涸沢側の石垣によって常念山脈や浅間山《あさま》が見えないことに気づいた。そこで英雄は神に「石垣を40センチほど低くしてもらえないか」と頼んだ。神は「やりましょう」と応じたが、その作業は一筋縄ではいかなかった。石垣のいちばん上には「天場《てんば》（天端）石」という平らな石が置かれていたが、それは1個200～300キロもある。そのため、天場石をいったん下ろし、石垣を低くし、再び天場石を載せるだけでもかなりの重労働となる。しかも、涸沢側の石垣の長さは50メートルもあったのだ。

石垣の高さを低くしなくても、ロビーから朝日を眺めることはできる。だが、英雄は「イスに座ったまま、山並みから昇る朝日を眺める」という演出にこだわったのだ。石垣を低くする作業には5、6年がかかっている。

太陽のロビーができると、英雄は毎朝一番に起きて、ストーブに火を入れるのを日課とした。

英雄が座る場所はいつも同じで、薪ストーブの扉の前。ちょうど東側を向くため、真正面に日の出を眺められる場所だ。

「薪をくべながら、日の出を眺めるのが毎日の楽しみだった。いちばん好きなのは常念岳のピークの真上に昇る朝日だったな。これがすごくかっこいいんだよ」

　こだわりにこだわって太陽のロビーを作ったのは、もちろん宿泊客のためであったが、それ以上に自分自身が楽しみたいためでもあったのだろう。

「天気のいいときは何もしなくていい」

「景色そのものが一番のサービスだ」

　英雄は山小屋のサービスについて、こんな言葉をよく語っていた。太陽のロビーはまさに「標高3000メートルの日の出」というここでしか味わえない景色を室内にいながら堪能するための、英雄ならではの演出法だったのだ。

映像制作

　穂高を舞台にした映像作品の制作も、英雄が力を入れたことのひとつである。

　山の自然はときに言葉では表現できないほどの美しさを見せてくれる。標高3000メートルの山小屋で暮らしているからこそ出会える風景もある。穂高のそうしたすばらしい光景、すばらしい瞬間を、一人でも多くの人に伝えるには映像作品が有効だと考えていたからだ。
山荘の映像作品としては、さかのぼれば重太郎の時代にも16ミリ映画『穂高に生きる』(1957／昭和32年)を作っているが、同作は中沢義直《なかざわよしなお》という外部の映像作家が手がけている。英雄の代になって特筆すべきは、山荘の人間が自ら撮影や編集をこなして作品を作り上げていったことだ。
山荘の従業員として初めて本格的に映像制作に取り組んだのは、初代支配人の神である。アルバイト時代には箱根駅伝をめざすランナーだった神が、映像制作に興味を持つようになったのは山荘に就職してから。明確な動機があったわけではなく、本人によれば《計算もなく始めたこと》(『雲の上の支配人』)だった。
《私は、一番最初に穂高に登った人は、いったいどんな風景を見たのだろうか。山小屋、登山道、指導標、ペンキのマークといった類の人工的な物のいっさいない純自然の穂高とはいったいどんな風景だったのだろうか、と考え出した。(中略)
写真の世界でならば再現できるのではないか。人工物を排除して撮影できるのではないか。(中略)
当時、山本和雄さん、水越武《みずこしたけし》さんなど、大勢の優れた写真家が、一枚写真の世界で活躍されていた。
〈どうみても割込みようはないな……〉。じゃあ、映画でいこう。それも16ミリで音声の入った本

格的なやつで！》(同)

もちろんそれまで映画を撮ったことはなかったが、経験のないことを一から考え、かたちにしていくことには山荘の仕事を通じて慣れていた。

《小屋を建て、電気を生み出し、水を引き、橋を架け、石垣を積み、地べたを這って地図を作る。つまり諸事万端を手作業手作りで行なって生活している山小屋の人間にとって、映画もその延長線上にあった話だ》(同)

１９７０（昭和45）年、神は1作目の16ミリ映画として『新雪乱舞』を制作する。そして、その後も支配人の仕事のかたわらで撮影を続けた。

撮影機材は高価であり、さらにフィルム代もばかにならない。そのため、映画を個人で撮るのは、普通に考えればあり得ないことだった。神は給料のほとんどを機材やフィルムに投入し、英雄も惜しみない援助をした。

初めは素人だった神も、撮影を重ねる中でどんどん腕を磨いていった。本格的な冬山経験はなかったが、冬の上高地に入ったり、涸沢岳西尾根や奥穂高岳に登ったりしたのも、すべては撮影のためだった。

そうして7年もの歳月をかけて撮影した映像を自ら編集し、１９７９（昭和54）年に発表したのが、2作目の16ミリ映画『穂高岳讃歌』だった。

同作は文部省特選映画に選ばれ、教育映画祭では優秀作品賞を、外国に日本を紹介する映画のコンクールでは銀賞を受賞するなど、高い評価を受けた。

神はその後、映像作家として独立するために1988（昭和63）年に山荘を離れるが、穂高岳山荘の映像制作は二代目支配人の加川達夫、三代目支配人の宮田八郎に脈々と受け継がれていく。

血沸き肉躍る日々

二代目主人として穂高岳山荘の経営を担うようになってから、英雄は斬新なアイデアを次々と具現化してきた。

広々とした石畳のテラス、吹き抜けの食堂のある新々館、空気の缶詰、映像制作、太陽のロビーなどがそれだ。次章で詳しく述べる風車による風力発電や太陽光発電といった自然エネルギーの実用化にも熱中した。

当時を振り返って「血沸き肉躍る毎日だった」と表現するのは、元従業員の岩片だ。

「山小屋の営業が始まるころになると、今年はいったい何をやるんだろうと毎年毎年ワクワクしていました。そして山に入れば、毎日が新鮮で、毎日が一生懸命。建物を改装したり、石垣を作ったり、石畳の敷石をしたり……英雄さんも楽しかっただろうけど、俺たちもむちゃくちゃ楽しかったですね」

そのころの従業員は英雄と歳も近かった。42年生まれの英雄は30代。神は5歳下で、岩片は10

歳下だった。だからこそ、英雄を「山荘の二代目主人」として仰ぎ見るのではなく、「英雄さんを中心とした同志の集まりみたいな感覚だった」と岩片は述懐する。

岩片に誘われて、高校1年生のときに初めて山荘を訪れた宮田和子は、そのころの穂高岳山荘が持っていた独特な雰囲気を「何かのコミューン（共同体）みたいだった」と回想する。

「働いている人たちが生き生きとして、すごく楽しそうだったんです。当時の私は、町での普通の暮らししか知らなかったのですが、山の上にこんな世界があるんだって、心惹かれましたね」

その年は岩片の姉夫婦と2泊3日の予定で入山していたため、「もっと山にいたい」と感じながらも、後ろ髪を引かれる思いで山を下りたという宮田。その後、高校3年の夏休みに初めて山荘でアルバイトをして、東京の専門学校に通っていた2年間も夏は山荘で働いた。専門学校卒業後は1年間だけ東京で働き、その翌春に山荘に就職。出会いから数年の時を経て、自らもそのコミューンの一員となったのである。

血沸き肉躍る日々、岩片にとって忘れられない仕事を挙げればきりがないが、そのひとつが白出沢の登山道の修復作業だ。

石畳のテラスの敷石が一段落したある年、英雄が岩片にこう言った。

「おい、兵助（岩片のあだ名）、今年は白出の道を徹底的に直すぞ」

白出沢の登山道はそのころ、冬の間の雪崩によって岩や石が流されて、どこを歩けばよいのか判然としない箇所があちこちにあった。

岩片は毎朝起きると白出沢を下り、崩れている箇所の石を積み直し、登山道を修復していった。昼になると、山荘からアルバイトの女の子が下りてきて、弁当を配達してくれる。弁当を食べたら、午後も延々と石の積み直しを行ない、日が落ちる前に作業に区切りをつけて山荘へと戻っていく。そんな一日を来る日も来る日も過ごした。

重太郎がダイナマイトで岩を削り造った、通称「重太郎の岩切り道」を修復するときには、神岡から来た石工職人と白出沢の荷継小屋に2週間ほど泊まり込んで作業をした。

はたから見れば、単調な日々に映るかもしれない。だが、やっていた本人に言わせれば「楽しくてしょうがなかった」という。

また、アルバイトとして初めて山荘に入った1970（昭和45）年の11月上旬、そろそろ小屋締めというときに新雪が降り積もり、涸沢カールが見渡すかぎりのまっさらな雪の斜面となったことがあった。それを見た英雄は、従業員たちに声をかけた。

「よし、新雪が積もったから映画を撮るぞ」

神が16ミリフィルムのカメラを回し、被写体として斜面をスキーで滑走するのは英雄。岩片は、もう一人のスタッフ高屋正夫と協力して、英雄をロープで引き上げる役を担い、そのほかの従業員やアルバイトは雪崩に備えてスコップを持ってカールの各所で待機した。そうやってみなで涸沢カールを駆けまわりながら、撮影を行なったのだ。

「下界では先に下りていた敏子さんやほかのスタッフがわれわれを待っていました。例年であればら6日ぐらいに下山するのですが、その年はいっこうに下りてこない。何かあったんじゃないかとかなり心配していたみたいです。でも、何のことはない、われわれは上で撮影を楽しんでいたんですよ」

16ミリカメラでの撮影を始めたばかりだった神は、新雪の斜面を華麗に滑り降りる英雄の姿を、必死になってファインダー越しに追いかけた。こうして作られたのが、先に述べた神のデビュー作『新雪乱舞』である。

最も鮮烈に岩片の記憶に残っているのは、新々館を建てるとき、地下室を掘ったことだ。

新々館ができる前、山荘の従業員たちはその日の仕事が終わると旧館2階のいちばん奥の部屋に集まり、毎晩のように酒盛りをしていた。盛り上がりすぎて声が大きくなり、宿泊客から苦情が出たり、「静かにしろ!」と怒鳴られたりすることもあった。

そこで英雄が考えたのが山荘に地下室を作ることだった。折しも新々館の建設計画が進んでいる最中。コルの地形と新々館の図面を見て、岩片ら従業員にこう指示した。

「兵助、おまえたちに10万円のボーナスを出すから、旧館の横のこの位置に地下室を掘ってくれ」

岩片たちは必死になって岩石だらけの硬い地面を削り、掘り下げていった。その後、新々館の完成とともにできあがった地下室は、英雄や敏子、従業員たちが宿泊客に気兼ねすることなく、お酒を飲み、騒ぐことができる〝隠れ家〟となったのである。

英雄は、今田家の養子として山に入るようになってから、娘の恵《めぐみ》にあとを託して山を下りるまでのおよそ半世紀、理想の山小屋づくりに情熱を傾け続けた。

中でも自分が山荘経営の先頭に立つようになってからの10年間ほどは、やるべき課題が山積していたこともあり、あふれ出るアイデアを武器に最も精力的に活動していた時期だったのではないだろうか。

同時代をともにした岩片は言う。

「自分は山荘のいちばん濃い時期にいられたんじゃないかという実感があります。あのころ、今田英雄はものすごい情熱とエネルギーで穂高岳山荘に向かっていました。その思いを共有し、一緒にいられたことは、自分の人生にとって大きな財産になっています」

山の仕事は苦労も多い。それでも岩片が繰り返し口にするのは「楽しかった」ということだ。

「とにかく毎日が楽しかった。きっとわれわれは、英雄さんが次々と繰り出してくる〝遊び〟に引き込まれ、自分たちも面白がっていたんだと思います。道造りも、地下室も、風車もそう。今年は何するんだろう、今日は何するんだろうって、みんなで遊んでいたんですよ」

第3章 ―― 自然を生かす

万能多才の人

穂高岳山荘にゆかりの深い人たちに英雄について聞くと、誰もが口を揃えるのが、英雄の「万能さ」「多才さ」である。

子供のころから勉強、スポーツともに優秀だった英雄は、大人になってからもさまざまなことで才能を発揮した。

スキーは、日本の山岳スキーのパイオニアの一人である植木毅《うえきつよし》のもとで腕を磨いた。1967(昭和42)年には植木とともに数カ月間、ヨーロッパへスキー旅行にも出かけている。流葉スキー場では自ら開校したスキースクールで校長を務めるほどだった。

「ウェーデルンをやると、スキー場でいちばんきれいに滑っていました。英雄さんの滑りはかっこいいんです。私もいろいろ教えてもらいましたよ」

そう語るのは谷口光洋。卓球もかなりの腕前だったようで、谷口はこう続ける。

「卓球の練習場に足の踏み場もないほどボールを持ち込んでは、よく練習していました。一緒に打ち合うこともありましたが、うまかったですね」

テニスやゴルフに熱中していた時期もあった。

ゴルフは初め「俺はあんなもんはやらん」と避けていたが、ほかの山小屋の主人に誘われて試しにやってみたらはまってしまい、道具を揃え、練習にもコースにも通いつめ、瞬く間に上達していった。その腕前はいつしかプロ並みに。「地元のゴルフクラブのクラブチャンピオンに勝ったり、アンダーパーでラウンドしたり、どうしてあんなにうまいのか、不思議だった」と谷口は言う。

山荘に入って間もない20代のころには、周辺の岩場について知っておく必要があるからと、暇を見つけては岩登りをしていた。パートナーは山荘の従業員だった奥園義輝。二人で屏風岩や滝谷《だに》、ジャンダルム飛騨尾根などの主立ったルートはたいてい登った。バランス感覚に優れ、英雄本人によれば「手さえかかれば、どこだって登れた」という。

英雄が当時のことを振り返ってくれた中で、面白いエピソードがある。

あるとき、奥園とともに屏風岩を登り、終了点に着くと、当時としては珍しい女性二人組のパーティがいた。今井通子《いまいみちこ》と若山美子《わかやまよしこ》だった。

「二人は、私と奥園くんの装備を見て、驚きながらこう言ったんだ。『あなたたち、そんなボロボロのザイルで大丈夫なんですか』って。みすぼらしく見えたんだろうなぁ」

体力もかなりあったようで、山荘から西穂まで「一人だったら、3時間で行けた」と言う。同ルートの一般的なコースタイムは6時間程度なので、普通の人の倍の速さで歩けたということだ。

英雄の多才さはまだある。麻雀、花札、トランプなどの勝負事も好きで、しかも抜群に強く、負け知らずだった。谷口にはこんな思い出がある。

「山荘でも、冬の流葉のロッジでも、夜が暇なんです。なので、よく花札や麻雀をやっていましたが、英雄さんが負けた姿はほとんど記憶にないです」

歌もうまかった、と教えてくれたのは岩片久子。

「まだ旧館があったころ、従業員やアルバイトが2階の奥の部屋に集まって飲んでいると、英雄さんがふらっとやってきて、ときどき歌を歌ってくれたんです。英雄さんの歌う『広島高師 山男の歌』なんて絶品だったな。すごく味があって。『英雄さん、もう一回歌ってください』とよく頼んだりもしていました」


これと決めたら、集中して徹底的に取り組み、短期間で極めてしまう。それが英雄の主義だった。ただ、短期間で極めてしまう反動なのか、あるレベルにまで達すると突然冷めてしまう一面もあった。谷口は言う。

「ゴルフも、テニスも、スキーも、一時期はそればかり熱中してやっているんですが、あるときにパタッとやめてしまう。なんでやめたのか聞くと、もう飽きたと。毎回そうでしたね」

そんな万能多才でありながら、飽き性でもあった英雄が、唯一飽きずに何十年にもわたって続けたこと。それが山小屋づくりである。

特に二代目主人となり、念願だった新々館の増築を実現した70年代後半以降は、山荘での自然エネルギーの活用や、山小屋に適した効率的な電力システムの構築に没頭したのだった。

風と太陽をエネルギーに

初めに取り組んだのは風力発電だった。

穂高岳山荘の立つ白出のコルは、ほぼ南北に延びる稜線上にあり、コルは地形的に風が収束しやすいという特徴もあった。しかも、台風以外は常に西風が卓越し、風力発電をするには理想的な環境が揃っていた。

コルを吹き抜ける風に注目して、最初に風力発電をしようと思い立ったのは重太郎だった。1961（昭和36）年のことである。

当時はエンジン発電機が導入される前で、小屋の灯りはまだロウソク、ランプ、ランタンしかなかった時代。重太郎は、コルの奥穂側に丸太で櫓を組み、プロペラ（風車）付きの発電機を設置した。風車が回りだすと部屋の電灯が灯り、《奥穂高も急に、文明の中に飛び込んだようであった》（『穂高に生きる』）と書いている。翌62年には同じものをもう一基増設している。

当時の英雄はまだ大学生で、アルバイトとして山荘の仕事を手伝っていたが、重太郎の風車に対しては、小屋全体をまかなう電力を風車で起こせるはずがないと批判的に見ていた。

実際、故障や充電不足などのトラブルは多かった。風車の制御装置がうまく働かず、暴風雨のときなどは全身びしょ濡れになりながら、風車を横にして無理やりに動きを止めることも何度となくあった。結局、猛烈な嵐が通過したとき、2基とも強風によって破損してしまい、重太郎の風車は失敗に終わる。

その後、1966（昭和41）年にエンジン発電機を導入し、安定した電力が得られるようになったため、重太郎も英雄も風力発電のことは忘れたまま、時が過ぎていった。

英雄が再び風力発電に注目したのは、1977（昭和52）年のことだった。

「エンジン発電機は、昼間や消灯後は燃費や騒音のことを考えて止めていたんだが、常夜灯や昼間のちょっとしたことに使える電気が欲しいな、と。ちょうどそのころ知り合いから、南極で使われているという小型で高性能の風力発電機の話を聞き、試しに導入してみることにしたんだ」

風車はアメリカ製で、2基設置した。ここから英雄の〝風車と遊ぶ〟日々が始まる。

英雄はまず、バッテリーと電気の仕組みについて徹底的に学んだ。下界にいるときは毎日のようにメーカーに質問に行った。あまりに英雄が頻繁に来るので社内用の分厚い説明書を渡されたという。

「そのころ集中して勉強したおかげで、町のバッテリー屋よりもバッテリーについては詳しくなっていたね」

最大の課題はやはり風との付き合い方だった。普通に風が吹いているときには、何の問題もなく発電ができた。しかし、風の強さは一定ではなく、突然強風が吹くこともある。しかも標高

3000メートルの稜線上では、天候が悪化すると最大で秒速50メートルもの暴風が吹き荒れることもあり、そうなると風車が回りすぎて発電装置が焼き切れてしまったり、風車自体が壊れてしまった。

強風時にいかに風車の回転を制御するか。英雄は試行錯誤を重ねた。

あるときには、地面にレールを敷いてトロッコを置き、その上に櫓を組んで風車を設置した。風が強くなると、風車はトロッコごと風に押されて、岩陰に隠れる、という仕組みだ。さらに、ちょっとした風でトロッコが動いてしまわないように、トロッコには重しをつけて、白出沢側に垂らしておいた。発電機の定格風速を超えたときにトロッコが動くように、重しの重量は調整して何度もテストを繰り返した。

英雄としては、これで風の制御はできるだろうという自信があった。しかし、実際に強風が吹くと、トロッコが脱線したり、勢いよく後ろに下がりすぎて車止めにぶつかり、風車がひっくり返りそうになったりして、うまくはいかなかった。

風車の横に耐風板を取り付けたこともあった。これは強い風が吹くと、耐風板によって風車が斜めを向き、風を受け流すという方法だ。だが、この方法では風が弱くなっても横向きのままになってしまい、最善策とは言い難かった。

風車の尾翼にひもを結びつけ、その先端を屋内に引き入れて、強い風が吹いてくるとひもを引っ張って、風車の向きを変えるという手動方式を試してみたこともあった。

そうやっていろいろ試した結果、最終的に行き着いたのは風車のスペックをあえて落とすことだった。

たとえば、200ワットの発電機に100ワット用のひと回り小さな風車を取り付ければ、回転数が下がり、通常の発電量は半分に落ちてしまうが、強風時には耐えることができる。もしそれで発電量が足りなければ、発電機の数を増やせばいい、と割り切ることにした。

こうした風車に関する試行錯誤には、幾徳《いくとく》工業大学（現・神奈川工科大学）の流体力学の研究室も協力していた。

大学の研究室と関わりを持つようになったのはまったくの偶然だった。

あるとき、幾徳工業大学の学生が涸沢岳と北穂高岳の間で遭難し、山荘の従業員も救助活動に尽力した。その後、山荘にあいさつに来たのが流体力学の教授で、その縁が発端となって山荘の風車を使って研究をしたり、アドバイスをしてもらったりするような関係性に発展していった。

風車の作業を手伝っていた谷口光洋は、英雄がまるで研究者のように大学教授とやりとりする様子に驚いたそうだ。

「風車のことは英雄さんもすごく勉強をしていて、ピッチ角はどれぐらいがいいとか、ブレードの長さはこのぐらいがいいとか、流体力学の先生と同等のレベルで話をしていました。横で聞いていて、さすがだなと思いましたよ」

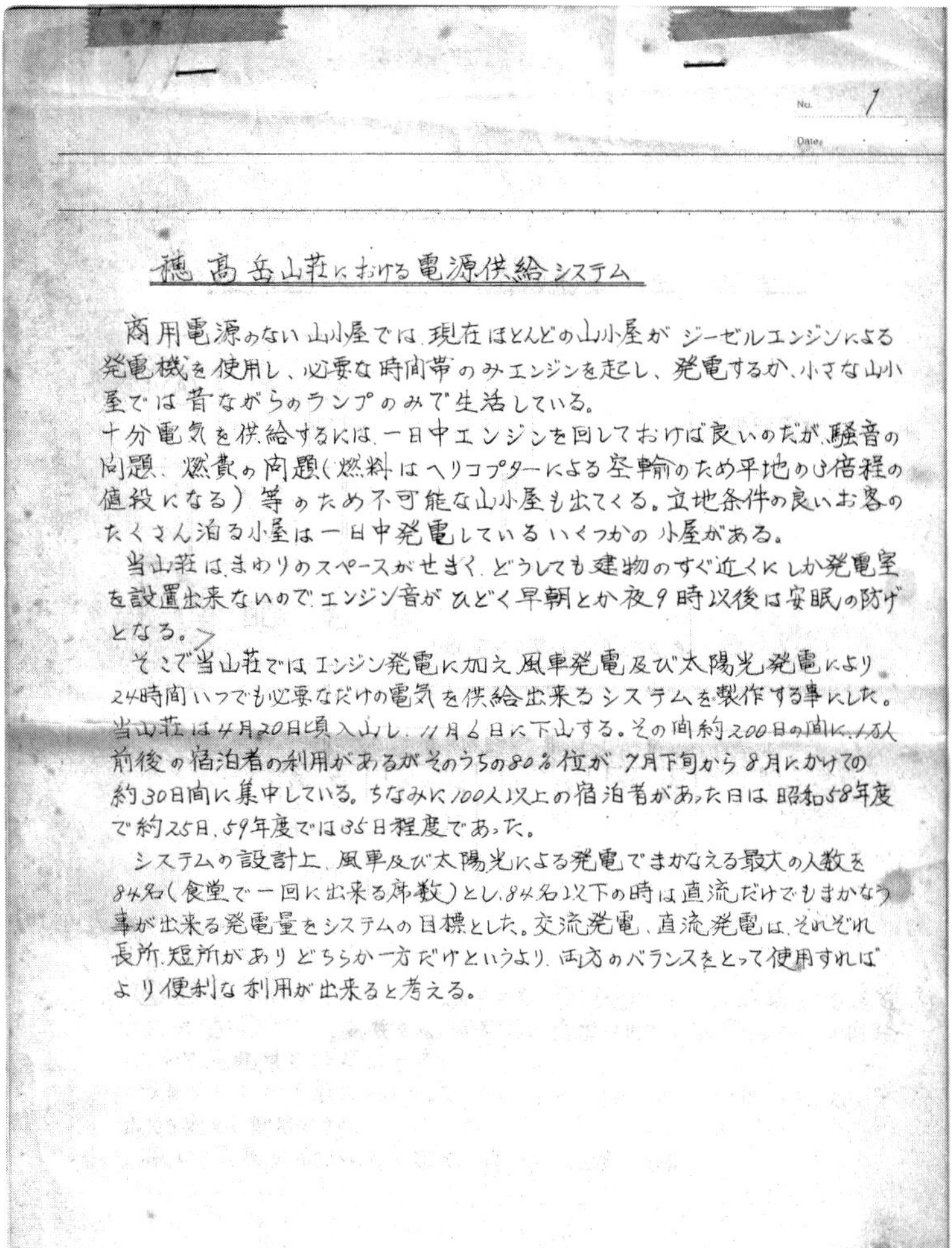

No. 1

Date

穂高岳山荘における電源供給システム

商用電源のない山小屋では、現在ほとんどの山小屋がジーゼルエンジンによる発電機を使用し、必要な時間帯のみエンジンを起こし、発電するか、小さな山小屋では昔ながらのランプのみで生活している。

十分電気を供給するには、一日中エンジンを回しておけば良いのだが、騒音の問題、燃費の問題（燃料はヘリコプターによる空輸のため平地の5倍程の値段になる）等のため不可能な山小屋も出てくる。立地条件の良いお客のたくさん泊る小屋は一日中発電しているいくつかの小屋がある。

当山荘は、まわりのスペースがせまく、どうしても建物のすぐ近くにしか発電室を設置出来ないので、エンジン音がひどく早朝とか夜9時以後は安眠の防げとなる。>

そこで当山荘ではエンジン発電に加え風車発電及び太陽光発電により24時間いつでも必要なだけの電気を供給出来るシステムを製作する事にした。当山荘は4月20日頃入山し、11月6日に下山する。その間約200日の間に、1万人前後の宿泊者の利用があるがそのうちの80%位が、7月下旬から8月にかけての約30日間に集中している。ちなみに100人以上の宿泊者があった日は昭和58年度で約25日、59年度では35日程度であった。

システムの設計上、風車及び太陽光による発電でまかなえる最大の人数を84名（食堂で一回に出来る席数）とし、84名以下の時は直流だけでもまかなう事が出来る発電量をシステムの目標とした。交流発電、直流発電は、それぞれ長所、短所がありどちらか一方だけというより、両方のバランスをとって使用すればより便利な利用が出来ると考える。

さらに、この幾徳工業大学とのつながりが、山荘の自然エネルギーの活用を次のステップへと導くことになる。

1984（昭和59）年、同大の電気工学の先生からこんな提案を受けた。

「これからは太陽光発電の時代。いろいろ実験して実用化しませんか」

英雄はすぐにその提案に乗る。まずは試験的に4枚のパネルを設置して、日射量や発電量などを測定。風車よりはるかに手間がかからず、かつ発電量も安定していることがわかると、翌年にはさらに16枚のパネルを追加して実用化に向けて本格的に舵を切ったのだった。

その後、数回にわたってパネルやバッテリーを増設し、1994（平成6）年に太陽電池システムはひとまずの完成に至る。

太陽電池システムが完成したことで、山荘の電力はエンジン発電機と太陽光発電が主力となり、風車は天気のよい日の日中に回すだけのシンボル的な存在となった。

だが、人間の計画や思惑をいともたやすく上回るのが、自然である。

2003（平成15）年の夏、平年より梅雨明けが10日も遅く、梅雨明けが発表されたあとも梅雨前線がたびたび停滞し、天候不順の日が続いた。太陽が出て日差しが降り注がなければ、太陽光発電は十分に機能しない。しかもそのころ、トイレの洋式化に伴う便座暖房など、エンジン運転時以外の電力の需要が増していた。

そこで翌04年、英雄は風力発電を復活させて、太陽光発電との補完関係を充実させることにした。

風車のブレード径をあえて短くすることで回転数を落とし、強風時に故障しにくく、かつ騒音も出さずに稼働できることは、これまでの経験からわかっていた。英雄はさまざまな径・角度のブレードを設計しては、従業員や常駐する山岳警備隊とともに製作し、テストを重ねた。当時の作業の様子を谷口はこう回想する。

「僕らの仕事は、英雄さんの設計に基づいて、一本の板からブレードを削り出すことでした。できあがると英雄さんに見てもらって、『もうちょっと削った方がいいな』とか言われながら、調整していくわけです。何種類ものブレードを作っては試し、作っては試しで、面白かったですね」

さまざまなブレードを試す中で最も理想的だと思われたのが、フランス製ヘリコプター「アエロスパシアルSA315B（通称・ラマ）」のテールローターだった。

ラマは、1972（昭和47）年に高度1万2440メートルというヘリコプターによる最高高度到達記録を樹立した高性能ヘリコプターで、日本アルプスにおいては山小屋の物資輸送や遭難救助に縦横無尽の活躍をしていた機体である。ヘリのローターは一定期間使用すると交換しなければならず、使用済みのテールローターを再利用したのだ。

材質は航空機用アルミニウム合金で、ローター径は風車のもともとのブレードよりも短かった。十分な発電量を得るための毎分500回転程度であれば、一般的な小型風車につきものの風切音もほとんどしない。まさに穂高の風にぴったりの形状、素材だったのだ。

風車につけるローター（ブレード）の枚数やピッチ角なども検討し、必要十分な発電量となるように調整した。英雄自身「これで完璧」と納得できる風車が完成したのだった。

その後、山荘の電力は、ディーゼルエンジン、太陽光、風車の三本柱でまかなう期間がしばらく続いた。

だが、２０１０（平成22）年、まったく想定していなかった事態に見舞われる。

ある日、英雄が風車を見上げると、ブレードの表面がくすんでいるように見えた。櫓に登り、ブレードの表面を触って確認したところ、なんと錆びてボロボロになっていたのだ。信じられなかった、と英雄は述懐する。

「ラマのテールローターは航空機用アルミニウム合金で錆びない素材だったし、表面には塗料を塗って防錆処理も施していたんだ。たぶん何年もの間、酸性雨にさらされたせいで錆びてしまったんだろうな」

そのころには太陽光パネルやバッテリーの数を以前よりもさらに増やしていたため、エンジン運転時以外の電力は太陽光発電で十分にまかなえる体制にはなっていた。そのため、英雄は風力発電からの撤退を決断する。

風車と遊ぶ日々は、途中ブランクをはさみながらも15年間（シンボル的な存在として天気のいい日だけ回していた期間も含めれば33年間）もの長きにわたって続き、幕を閉じたのである。

電力システムの改革〜山小屋の省エネ・省力

英雄は、風力発電や太陽光発電による自然エネルギーの利用を推し進めるとともに、小屋全体の電力システムの改革も行なった。

穂高岳山荘では1966（昭和41）年以来、エンジン発電機を利用してきた。風力発電や太陽光発電が実用化されると、三者をうまく使い分けて一日の電気をまかなうようになっていった。

エンジン発電機を稼働させるのは、全館の照明を灯す夕方から消灯までの時間帯や、午前中に掃除をするとき、乾燥室を稼働させるときなど、たくさんの電力が必要なときに限定。それ以外のときは風力や太陽光によってバッテリーに蓄えられた電気を使用した。

自然エネルギーを併用する利点は、大きく2つある。

ひとつは「使用するエンジン発電機を小型のものにできること」だ。

どこの山小屋でも、設備の電化が進むにつれて徐々に大型のエンジン発電機を使用するようになり、現在では45キロワット発電機を2台体制で使用するところが多くなっている。

穂高岳山荘でも時代とともに大きな発電機を導入してきたが、90年代後半に15キロワット2台、10キロワット1台の3台体制となってから変わっていない。さらに、のちに述べる設備の省エネ化や使い方の工夫によって、シーズンの大半を10キロワットの発電機だけでまかなえるようになっているのだ。

電力不足は山小屋の営業に深刻な影響を与える。しかも、発電機自体の値段は発電量が倍になってもそれほど大きくは変わらない。それゆえ、「どうせ買うなら、できるだけ大きなものにしておこう」という意識が働いてしまうのだろう、たいていの山小屋では大型の発電機を導入することになる。

発電量が多ければ、夏のハイシーズンや天気のいい週末など、一日に何百人もの宿泊客を迎えなければならないときには安心して営業できる。だが、平日で、しかも天気が悪くなれば、宿泊客が10人を下回る日もざらにあるのが山小屋である。そんなときに45キロワットの発電機を回すのは「無駄以外の何物でもない」と英雄は言う。

穂高岳山荘の場合は15キロ、15キロ、10キロの3台体制のため、宿泊客の人数によって使用する発電機をフレキシブルに調整できる。たとえば、7月下旬から8月のハイシーズンはエンジン発電機を一日12時間ほど動かすが、6月や10月など宿泊客が少ないときは3時間程度に抑え、足りない分は自然エネルギーで対応する。宿泊客がほとんどいなければ、エンジンをまったく動かさず、自然エネルギーだけでまかなうこともある。そうすることでエンジンの無駄な稼働を極力減らしているのだ。

この「エンジン発電機の稼働時間が減ること」が2つ目の利点となる。

稼働時間が減れば、その分、使用する燃料も減少する。穂高岳山荘では、多いときには1シーズン60トンもの物資を荷上げしていた。そのうち、燃料は約60パーセント（約36トン）を占めていた。自然エネルギーとの併用を進めることで荷上げする燃料の量は徐々に減り、現在、空輸する総物資は40トン程度にまで減少している。

「ヘリ会社の人間が『穂高岳山荘は荷上げ量が少なすぎる』『きっと別のヘリ会社に上げさせているに違いない』といぶかしむほどだったんだ」

英雄は愉快そうにそう教えてくれた。

稼働時間や燃料の使用量が減ることは経営的な負荷も軽くしてくれる。燃料費はもちろん、空輸費も減少するからだ。また、稼働時間が減れば、発電機自体の耐用年数も延びる。実際、現在の山荘では20年ものの発電機がまだ現役として活躍している。これらを総合すると、「多いときに比べて、1シーズンで400万～500万円の光熱費を浮かすことができている」と英雄は言う。

「風力発電や太陽光発電を導入しはじめた当初、2000万円ぐらい設備費として投資したんだ。まわりからはかなり文句を言われてね。使えるかどうかわからない風車や太陽光パネルに金を使うんだったら、ヘリで燃料を上げればいいじゃないかって。でも、時間はかかったけれど、毎年数百万円規模の光熱費を浮かせるシステムができて、かかった設備費は4、5年でペイできたわけだ」

英雄はほかにも、山荘で使用する電力やエネルギーに関して、徹底して無駄を排し、省エネ化や効率化を進めていった。

たとえば、エンジンの廃熱。通常、エンジン発電機から取り出される電気エネルギーは30～40パーセント程度といわれ、残りの60～70パーセントは熱として放出されてしまう。そこで1989（平成元）年に乾燥室を拡大改修し、エンジンの廃熱を乾燥室に利用できるようにした。ラジエターを通って吹き出すクリーンな熱風は40度以上あり、濡れた衣類などを乾かすのに最適だったのだ。

また、この熱風は、乾燥室で物を乾かしたあと、隣の洗面所にも送られるようにした。洗面所は乾燥室がいっぱいのときは雨具などを干したりするほか、天井裏には洗面所やトイレで利用する水のタンクが設置されており、熱風はその水温を上げるためにも役立っている。さらに熱風はトイレにも送られて、室内を暖める暖房として活用されたり、洗面所やトイレの配管の凍結を防ぐ役目も果たすなど、一石何鳥もの活躍をしている。

自然エネルギーを利用するにあたっては、発電した電気を蓄えるバッテリーも重要となる。バッテリーは保守・管理の方法次第で耐用年数が極端に変わり、1、2年でダメになることもあれば、十数年長持ちすることもある。

山荘では毎日バッテリー液の比重を測り、蓄電状態をチェック。比重が低すぎるときは、エンジンによる補充電を行ない、過放電の状態が起きないようにしている。バッテリー液の量も毎日目視し、液が減っていれば適正な量に補充している。

さらに、バッテリーは非常に重く、高価なので、いったん山荘に荷上げしたものは限界まで使いきりたいと考え、バッテリーの使用年数によって3つのグループに分けることにした。新しいバッテリー群はフロントや厨房の照明など重要度の高い設備用（ソーラー1号用）として約10年間使用。その後、重要度がひとつ下がるソーラー2号へ移動して4〜5年使い、さらにソーラー3号で使えなくなるまで利用する、という方式を取った。

発電した電気の効率的な使い方、すなわち省エネにもこだわった。

最も電気を消費する冷蔵・冷凍庫は小型分散化させた。夏の最盛期はそのすべてに食材がいっぱいに入った状態だが、食材が減っていくにつれて空になった冷蔵・冷凍庫は順次電源を落としていく。秋、営業が終わりに近づけば、1台だけで事足りる。空いた冷蔵・冷凍庫はストッカーとして使う。小型分散化によって電力消費を抑えているのだ。

2007（平成19）年には、山荘の照明器具をすべてLEDと省エネタイプのものに変更。翌08年は、冷蔵・冷凍庫7台をすべて省エネタイプのものに替えた。

こうした省エネ化に取り組むことで、以前はエンジン発電機を2台同時に稼働させることもあったが、1台でも十分に間に合うようになった。また、稼働させる1台も半分以上の時間は10キロワットのエンジンだけでまかなえるようになった。

小屋全体の電力システムを改善したことで、エネルギー面でも経済面でも大きな余剰が生じる

上／山荘の南側に設置された4基の風車　下／山荘の屋根には太陽光発電パネルが設置されている

上／エンジン発電機の廃熱は、乾燥室やトイレの暖房に利用している　下／風車と太陽光で発電した電気をためておくためのバッテリー

ようになった。山小屋経営者として英雄が卓越しているのは、その余剰をも有効に活用していることだ。

経済面で浮いたお金は、さらなる改善や省エネのために設備投資に回す一方で、従業員に賞与として渡した。人件費を重視する理由を英雄は次のように説明する。

「自然エネルギーの利用を進めるには、私ひとりが頑張るだけではダメで、従業員の全面的な協力が不可欠だったんだ。浮いたお金が給料や賞与として自分に返ってくると思えば、彼らも本気で省エネに知恵を絞り、努力をしてくれると考えたんだよ」

また、英雄は「省力」にも力を入れてきた。

夏の最盛期など宿泊客が数百人規模になると、どうしても従業員への負担が大きくなる。そこで厨房に食器洗浄機やフードプロセッサーを導入して、作業の省力化、効率化を図ってきた。

また、次項で詳しく述べるが、山荘では雪渓の雪解け水を蓄えておくために37個のステンレスタンクを常設している。春、山荘の営業を始める前には毎年そのステンレスタンクの洗浄を行なっているのだが、数が多いために二人がかりで1週間以上かかっていた。それがある年、高圧洗浄機を導入したことで作業時間をわずか2時間に短縮できて、しかも水の使用量も減らすことができたのだ。

こうした省力の取り組みを進めることができるのも、経済的にも電力的にも余裕があるからにほかならない。

天命水とステンレスタンク

「自然を生かす」ということであれば、山荘の「水」についても語っておきたい。

稜線の山小屋にとって、いかに水を確保するかは死活問題だといえる。天水、つまり雨水をためているところもあれば、揚水ポンプを使って沢から汲み上げているところもある。ただ、前者は雨が降らなければ水不足になるし、後者はポンプのメンテナンスが大変で、常時ポンプアップし続けるにはそれだけの電力が必要となる。

穂高岳山荘では当初、涸沢側の雪渓を切り取り、それを屋根に運び上げ、天日で解かしてタンクにためていた。しかし、1958（昭和33）年の大規模な増築によって宿泊客の数が増えると、雪渓の融水だけでは間に合わなくなってしまった。

「何とか水を得られないものか」。そう考えた重太郎は、山荘周辺を調査した。すると、涸沢岳下の雪渓の底部からちょろちょろと水が流れる音が聞こえた。水が流れているのであれば、その上部には水が流れ込んでたまっているところがあるかもしれない。

そこで雪渓がなくなってから、重太郎は英雄に付近の地形を調べて、水がたまって「ダム」のようになっている場所がないか探してほしいと頼んだ。英雄はほかの従業員とともに涸沢岳の東斜面の絶壁にロープを固定し、重太郎が見つけた水流の水源あたりを見に行った。

「するとそこにドラム缶半分ぐらいのくぼみがあり、天然のダムのようになっていたんだ」

発見した水源について、英雄はこう振り返る。その年は岩壁にペンキで印をつけて、翌年の作業のための段取りをつけておいた。

翌1961（昭和36）年の夏、前年に当たりをつけた場所をめざして、雪渓に15メートルほどのトンネルを掘っていくと、予想は見事に的中する。大きな岩にぶつかり、その下に雪解け水があふれかえっていたのだ。

水源は発見できた。だが、問題がもうひとつあった。この水をどうやって山荘まで運ぶかだ。重太郎がピッケルを水準器代わりにして測量すると、山荘は水源よりも3メートルほど低いことがわかった。高低差があれば、水は高いところから低いところへと自然に流れてくれる。英雄は、250メートルのホースを送水管として涸沢岳の絶壁を這わせて、水源と山荘前の水飲み場をつないだ。蛇口を開くと清冽な水がほとばしった。

重太郎はこの水を「天命水」と名づけた。


雪渓の掘削とパイプの敷設作業は、毎年7月になると行なわれる。氷のような硬さの雪渓を手作業で掘り進んでいくのは容易ではない。4、5人がかりで優に丸一日はかかる重労働となる。天命水の水源、通称「水取り沢」に到達したら、ホースを設置し、山荘まで延ばす。こうした水取り工事を行なうことで、7月初旬から9月上旬まで一日10トン以上もの水が山荘に供給される

天命水をためておくステンレスタンク。水は
タンク内を循環させ、太陽熱によって温める

ことになる。

「3000メートルの稜線で豊富な水が得られたことは、その後の山荘経営に大いにプラスになった」

天命水の恩恵について英雄はこう語る。

1975（昭和50）年に完成した新々館に水洗トイレを設置できたのも、1995（平成7）年に山荘の全トイレを散水ろ床方式の水洗トイレに改造できたのも、ひとえに天命水があったからである。

また、1985（昭和60）年、91（平成3）年、94（平成6）年には、水をためておくための地下水槽を山荘のまわりに作った。

1996（平成8）年からはステンレスタンクの導入も始めた。ステンレス製の大型タンクは高価だったため、毎年数個ずつ増やしていき、10年ほどかけて37個のタンクに約80トンが貯水できるシステムを完成させた。

そして英雄は、このステンレスタンクでも斬新なアイデアで自然エネルギーの活用と省エネに取り組む。

ステンレスタンクは、涸沢岳側の階段状に整備された斜面に設置されている。水源から高低差によって流れてきた水は、まずいちばん下の段のタンクに導かれる。

雪渓が解けたばかりの水であるため、タンクに届いた時点での水温は約4度。直接ボイラーや洗面所に供給するには冷たすぎる。そこで太陽電池を電力として、水をそれぞれのタンクに循環させる。循環させている間に太陽熱によって徐々に温められ、山荘へ引き込まれる段階で約14度まで水温が上がっているのだ。

シーズン最盛期には一日6トンぐらいの水を使用するため、この10度の水温差は膨大なエネルギーの節約となっている。

また、山荘の水について、もうひとつ興味深いことがある。

前述したように1991（平成3）年、食堂外側の前庭に地下水槽を作った。主に雨水をためるためのもので、容量は約8トン分あった。

その水槽を作った数年後のこと。稜線の積雪がほぼなくなった6月ごろに水槽の蓋を開けて、中を見てみたら、きれいな水が満杯の状態でたまっていた。凍結した形跡はなかった。そこでその年の秋、水槽に水中ポンプを入れておいて、越冬させることにした。

そして翌年の小屋開け後、水中ポンプのスイッチを入れたら、なんと厚い雪に覆われた水槽から水がドバドバと流れ出てきたのだ。

冬の間、穂高の稜線では外気温はマイナス40度まで下がる。雪に埋まった山荘内ではあらゆるものが凍りつき、壁や天井は霜や氷に覆われてしまう。小屋開け作業時の飲料水用として、前年に山荘を閉めるときに大きな鍋に水をためておくが、それもことごとく氷になっている。

しかし、前庭の地下水槽の水だけは、越冬してもなぜか凍らないのだ。英雄は言う。
「水槽のあたりがいちばん積雪が多いからなのか。たしかなことは今もわからないんだ」
長年、穂高で暮らしてきた英雄にとっても「信じられない出来事」が起こり得る。それが標高3000メートルの自然、穂高の自然なのである。

ごみは湯沸かしの燃料に

ステンレスタンクにためられた天命水は、炊事や従業員用の風呂に使うときにはボイラーで沸かすことになる。

お湯を沸かすとき、厨房では灯油ボイラーを使用しているが、そのほか従業員用の風呂などは山荘の白出沢側に設置した焼却ボイラーからの熱を利用している。この焼却ボイラーの開発・改良にも、英雄は四半世紀の長きにわたって情熱を傾けてきた。

自ら設計した焼却ボイラーを初めて設置したのは1989（平成元）年のこと。以降、山を下りるまでに「10台以上は作った」と英雄は語る。

焼却ボイラーでは、主に建物補修時に出てくる廃材、ダンボール、使用済みのトイレットペーパー、つまり〝ごみ〟を燃料とした。ごみを燃料として燃やすことで、灯油の使用量を抑えられ、荷下ろしの量も軽減できる。本来は捨てられるだけだったごみを燃料とすることは、資源の再利

白出沢側に設置された焼却ボイラー。ごみを
燃やした熱は従業員用の風呂に利用している

用や有効活用にもつながっている。つまり、焼却ボイラーにも、省エネや省力、山荘のかぎられた資源を最大限に生かそうとする英雄の思想が通底しているのだ。

英雄が最もこだわったのが、いかに燃焼温度を上げて、熱効率を上げていくかである。それは湯を沸かす熱源としての効果を高めるとともに、ダイオキシン類などの有害物資の発生を抑えるためだった。

試行錯誤を重ねて作り上げたボイラーは、下界のごみ処理施設の焼却炉と同じ、800度以上の高温でごみを燃やせる構造を備えていた。生ごみを燃やすこともできるという。

「とにかく火力がすごいんだ。生ごみなんてほとんど水分でしょ。だから、炭にもならず、消えてなくなってしまうんだから」

山小屋にとって、生ごみの処理はずっと頭の痛い問題だった。水分が多いため燃やすことが難しく、放っておけば臭いも出る。まとめて荷下ろしするにしても重さが負担になる。そのため、従業員たちはメニューや調理・配膳の方法を工夫して、できるだけ生ごみを出さないように努力を重ねてきた。そうした生ごみ問題も英雄のボイラーが解決してくれたのだ。

焼却ボイラーのおかげで、シーズン中はほぼ毎日風呂を沸かすことができるようになった。昔に比べて山小屋が快適になったとはいえ、従業員たちはそこに何カ月も滞在しなければならない。仕事で体を動かせば汗もかくし、悪天候の中で屋外での作業をすれば、全身びしょ濡れになる。水や燃料のことを気にせずに入れる風呂があることは、快適に働くうえで重要な要素になっていることは間違いない。

また、穂高岳山荘の廊下やロビーにはごみ箱が置かれ、登山者は遠慮なく、ごみを捨てていくことができる。山では通常「自分のごみは自分で持ち帰ってください」と言われることがほとんどであるため、ごみを捨てていけることはそれだけで珍しく、荷物が減るので「ありがたい」と感じるはずだ。

一方、山荘の従業員としては、風呂に入るためには燃料となるごみが必要であり、登山者がごみを捨てていってくれることは、迷惑や手間どころか、やはり「ありがたい」ことなのである。

英雄が作り上げた焼却ボイラーは、山荘で働く環境や、山における「ごみ」の価値や常識を変えてしまったと言っても過言ではない。そう考えると、英雄がボイラーにこだわり続けた理由もうなずける。

石垣・石畳を生んだ良質な石

風、太陽、水といった自然からの恩恵は、標高3000メートルという場所で山小屋を営むうえで欠くことのできないものである。

そして、もうひとつ、穂高岳山荘にとって欠かせないのが「石」の恩恵である。

石を積み上げて作る石垣は、造成した土地を支える擁壁や、コルを吹き抜ける強風から建物を守る防風壁としての役割を担っている。また、建物のまわりに整然と敷かれた石畳は、登山者に憩いの場を提供するとともに、山荘の美しい景観を構成する重要な要素となっている。

石垣や石畳に使われている石は、どれもちょうどいい大きさや形になっているため、人の手によって加工されたもののように見えるかもしれない。しかし、そのほとんどが、土地造成の際に地面から掘り出したものやコルの周辺にもともと転がっていたものを加工せず、そのまま使っている。

さらに不思議なことは、そうした石垣や石畳を作るのに適した大きさ・形状の石は、岳沢や白出のコル周辺にしかないというのだ。英雄が言う。

「北穂のあたりでは石が大きすぎて使えない。涸沢を下りると、丸みを帯びた形状になってしまう。20~30センチ四方の大きさで、カンナをかけたように表面がすべすべした良質の石がとれるのは、岳沢とうちぐらい。ほかの山小屋が穂高岳山荘のような石畳のテラスを作ろうと思っても、技術云々の前にそもそも石がないわけだ。山荘は石にも恵まれているんだよ」

土地造成をしたときに地面から出てきた石は、これは敷石用、これは石積み用と、大きさや形によって分類していく。表面が特に平らになった石は、石垣のいちばん上に載せる天場石にした。石垣や石畳に使えない石は、石垣の内側を埋める裏込石として使う。

「捨てる石はまったくない」

英雄はそう語る。

人力で、石を運び、石を積み、石を敷く技術は、重太郎から英雄や神へ、さらに三代目支配人の宮田八郎や四代目支配人の中林裕二《なかばやしゆうじ》をはじめとした若い従業員へと脈々と受け継がれてきた、穂高岳山荘の「伝統」ともいえる。

英雄が「重太郎から学んだことのひとつが石の動かし方」と語ったことや、神が重太郎の積んだ石垣を手本に見よう見まねで石積みを始めたことは、すでに書いた。

岩片克己も、英雄が石を積む様子を見て学び、その技術を自分のものにしていった。

「最初は英雄さんが石を積んでいる様子を必死に観察するんです。するとだんだん『なるほど、こう積めばいいのか』とわかってくる。わかってきたら、石を積んでいる英雄さんに『この石、どうですか？』『次はこの石なんかどうでしょう？』と次から次に石を差し出すんです。そのうちに英雄さんは『おまえとやっているとうるさいから、明日からおまえが一人でやれ』と任せてくれるんです」

宮田八郎は、自身のブログ「ぼちぼちいこか」内の「かなてこ」と題した回にこう書いている。

《金梃子というのはまぁつまりはただの鉄の棒で、太さは3〜4センチ、長さは（いろいろありますが）今回使ったのは150センチ。それぞれの両端は、片側は鈍く尖っていて、もう一方はヘラのように平たく潰れた先端をしています。（中略）

ただしその使い方にはコツというか相応のテクニックが必要です。シロウトがいくらやってもビクともしない大岩が、技を身につけた者が扱うとアラ不思議、途方もない大岩をウソのように

動かすことができるのです。(中略)
「宇宙に支点さえあればカナテコ一本で地球でも動かしてみせる!」という名言(?)を言い放ったのは、穂高小屋の先代の今田英雄氏でした。そう、英雄さんはこの金梃子の使い方がめっぽう上手かったのです。
そのテモト(助手)をしている頃、たまに私が金梃子を扱うと、「アホっ! そうじゃねーんだよ! わかっとらん奴だな!」とか、「ヘタクソ! おまえが使っとるのは力ばっかで道具を使っとらん!」とか、「だぁかぁらぁ、ダメなもんがエラそーに手ぇ出すな!」とか、まあボロカスでした。(中略)
だから私は早く一人前の仕事がしたくて英雄さんの目を盗んではあーでもないこーでもないと金梃子で岩を動かそうとしたものです。で、ふと気がついてみるとあれから30年、いつの間にか私もいっぱしの金梃子使いになっていました。
というか、近頃ではだいたい一目でその岩のヘソというかツボが分かるようになったのです》

穂高連峰はその峻険さゆえに登る者に緊張を強いる山である。切り立った稜線や岩場では、一瞬の油断や気のゆるみが、ときに転倒や滑落などの事故に結びつく。だからこそ、広々とした石畳のテラスを持つ穂高岳山荘にたどり着いたとき、登山者は大きな安堵感に包まれる。

また、いにしえの城郭のような見事な石垣は、訪れた人の目を奪う。

「以前、国宝の彦根城に行ったとき、天守の石垣を見て、敏子がこう言ったんだ。『何？　この石垣。うちの石垣の方が立派じゃない』と」

そう言って英雄は笑う。

そうした美しくも強固な石畳のテラスや石垣を作り上げることができたのも、ひとえに白出のコルでとれる石があったおかげなのである。

そこにあるものを生かす思想

奇跡の山小屋——英雄はよく、こんな言葉で穂高岳山荘のことを表現する。

たしかに標高3000メートルの稜線で十分な水が得られたことや、石垣や石畳を作るのに最適な大きさと形状の石がとれることは、人の思惑や人為を超えた偶然である。もしそれらがなければ、穂高岳山荘はまったく違った山小屋になっていただろう。そう考えると、山荘が自然から享受した恩恵は「奇跡」といってもいいのかもしれない。

一方で、山荘の現支配人の中林裕二はこうも言う。

「どれだけ恵まれた条件が揃っていても、そのことに気づき、生かすことができなければ、本当の奇跡にはならないと思うんです。つまり、穂高岳山荘という奇跡のような山小屋をつくることができたのは、やはり初代オーナーである重太郎さんや、そのあとを継いだ英雄さんという人の力があったからこそなんです」

風も、太陽も、水も、石も、ただそこに存在しているだけである。それらをどう生かすか。それは人の力と、そして思想次第なのだ。

山小屋の経営にはさまざまな制約がある。山の中には元来、小屋を建て、人が生きていくための物資や設備などはなく、必要なものがあれば麓の町や村から運び上げたり、一から作ったりしなければならない。物資や設備を大量に荷上げすれば、快適な環境をつくれなくもないが、それには膨大な資金や労力がかかる。それに便利になるからと言って手当たり次第に物を持ち込めば、無駄なものもあふれてしまう。

英雄にとってそれは、自らがめざす美しい山小屋のあるべき姿ではなかったのだろう。だからこそ、そこにあるものを最大限に生かそうと考えたのではないか。

山には風が吹き、空からは太陽の日差しがさんさんと降り注いでくる。雪が解ければ水が流れ、大地には無数の岩や石が転がっている。さらに、自分たちが持ち込んだものも、その機能や役割が十二分に発揮できるように、できるかぎり生かそうと努めた。

そこにあるものをどのように生かしていくか——。その試行錯誤を重ねる中で、穂高岳山荘の今のかたちができあがっていったのである。

第4章——人を生かす

山岳警備隊や写真家への支援

英雄の「そこにあるものを生かす思想」は、穂高の自然だけではなく、穂高に生きる人々に対しても向けられた。

「自分が愛した穂高で何かしようとしている人を精いっぱい応援したいんだ」

いつだったか、英雄がこんな話をしていたのを、宮田和子は覚えている。

実際、英雄はその半生を通じて、穂高に生きる多くの人たちを支えてきた。

たとえば、岐阜県警の山岳警備隊の隊員たち。

現在、山岳警備隊は、穂高周辺での遭難防止や事故発生時に迅速な救助活動を行なうため、登山者が多くなる夏山シーズンの約1カ月と、ゴールデンウィークとシルバーウィークのそれぞれ1週間、穂高岳山荘に隊員が常駐する、いわゆる「穂高常駐」を行なっている。

この穂高常駐が始まったのは１９７３（昭和48）年、英雄が山荘の二代目主人となってからである。隊員の常駐を岐阜県警に持ちかけたのも英雄だった。

「そのころは登山者の数が右肩上がりだったのに比例して、遭難も多かった。事故が起こるたびに山荘の従業員が現場に向かっていたんだが、その間、残った者で何百人もの登山客の食事の準備や応対をしなければならなかった。だから、お客が多い夏山シーズンには警備隊に常駐してほしいと、こちらからお願いをしたんだ」

山の中に警備隊員が常にいてくれることは、英雄をはじめ、山荘の従業員にとって心強いことであった。

一方、穂高常駐は、警備隊にも大きな恩恵をもたらした。

長年、山岳警備隊飛騨方面隊の隊長を務めた谷口光洋は、『岐阜県警レスキュー最前線』の中で《われわれ警備隊員にとって、穂高常駐を行なう意義は計り知れないほど大きい》と述べたうえで、こう書いている。

《とくに若い隊員にとっては、遭難救助をはじめ山岳パトロールや登山道の整備などの活動を通して、山の地形や気象、救助技術を実践的に学んでいく最高の機会となる。また、山小屋関係者や山岳ガイド、山岳カメラマンらとの交流によって見聞を深められるのも、穂高常駐ならではだ。ときに彼らに遭難救助をサポートしてもらったり、時間があるときにはいっしょに滝谷でロッククライミングをしたりすることもあった。

私は穂高常駐を一〇〇回ほど行なっているが、そこでの体験がその後の活動の基礎となり、自信にもなっている》

1977(昭和52)年、滝谷での救助活動中に隊員が転落して亡くなるという痛ましい殉職事故が起こったあとには、「英雄さんは、警備隊を育てるんだという気持ちを強く持って、さまざまなサポートをしてくれた」と谷口は振り返る。

先に述べた谷口の文章に《山岳ガイド、山岳カメラマンらとの交流》とあるが、その仲介をしたのも英雄だった。

「山岳ガイドの人が山荘に来ていると、警備隊に岩登りを教えてやってくれ、と英雄さんが声をかけてつないでくれたんです。その中には長谷川恒男さんなど著名なガイドの方もいました」

隊員が岩登りをするために滝谷などに入るときには、英雄は「山小屋の料金なんかいらんから、どんどん岩登りの経験を積んで、知識や技術を向上させろ」と言って宿泊料をタダにした。ダウンジャケットやゴアテックスのウェア、ワンタッチ式のアイゼンなど、新しい登山装備が出るといち早く手に入れて、現場の隊員たちに「これ、使ってみろ」と配ることもあった。隊員が救助活動に出るときには、警備隊のものよりも性能がいい山荘の無線を持たせた。

また、救助活動を警察や消防が主導的に行なうようになってからも、山荘では8人ほどの従業員が民間の救助組織である「北飛山岳救助隊」(岐阜県北アルプス山岳遭難対策協議会の一機関)に所属し、遭難事故が発生したときには警備隊員とともに現場に駆けつけ、救助活動を協力して行なってきた。谷口が言う。

「穂高岳山荘は、前支配人の宮田八郎や現支配人の中林裕二のように警備隊のエース隊員と変わらんぐらいの実力を持った人間がいるし、要請をすれば快く力を貸してくれる。遭難救助は危険を伴いますから、自分のところの従業員を出すのは、上の人間が腹をくくらなきゃいけないわけです。それをずっとやってくれているのは、やはり英雄さんがその必要性を認識してくれていたからだと思います」

経験豊富な山荘従業員がともに現場に出てくれることは、警備隊員にとってもありがたく、頼もしいことだった。隊員の一人は次のように書いている。

《天候がよく、ヘリが飛べる状況であれば、だいたいわれわれ警備隊員だけで対処できるが、厳しい現場で人数が必要な事案の場合は、穂高岳山荘の宮田八郎さんや中林裕二さんに同行してもらうことになる。常駐期間中だけ山に入るわれわれとは違って、彼らはずっとそこで生活しているだけに、情報量が全然違う。そういう意味ではとても頼りになる存在である》(『岐阜県警レスキュー最前線』)

岐阜県警の山岳警備隊は、同じ北アルプスを守る長野の山岳遭難救助隊や富山の山岳警備隊に比べて、組織的に小さく、予算も少なかった。それでも、長野や富山の隊と同等の活動ができているのは、英雄の心遣いや支えがあったおかげだと谷口は語る。

「英雄さんがいろいろ支えてくれたからこそ、厳しい現場で動ける隊員が増え、隊としてのレベルを上げていくことができました。今の警備隊があるのは、英雄さんの功績が大きいんです。そういう話は誰も言わんもんで、知っとるのはずっと現場にいた私や、当時の隊長の森本(靖宏)ぐらいだと思います」

穂高をテーマに撮影をする山岳写真家たちにも、英雄は惜しみない支援を行なってきた。

穂高岳山荘を拠点にした写真家には、「穂高の山本」の愛称で親しまれていた山本和雄や、86年に『穂高 光と風』を発表した水越武、穂高岳山荘85周年記念として写真集『天空の輝き』を出した内田修《おさむ》などがいる。英雄は、山荘で彼らの写真展をたびたび企画。彼らが外部のギャラリーなどで写真展を開催するときには資金面でのサポートを行なった。また、写真集が出版されると数十冊まとめて買い上げて、知り合いなどに配ったりもした。

山本和雄のアシスタントをしていた内田修は、70年代半ばごろから山本に付いて山荘に入るようになり、1980（昭和55）年にフリーランスとして独立してからは山荘の仕事を手伝いながら四季を通じて穂高の山々の撮影を行なった。スキーが得意だったこともあり、英雄に頼まれて流葉のスキースクールのパンフレットの撮影をしたこともあった。

「そのころは山荘に機材や荷物を置かせてもらい、夏の間はほとんど自宅に戻らず、山荘を拠点にあちこち仕事の撮影に出かけては、戻ってきたら穂高で自分の撮影をする、という生活を送っていました。あいつはここを寝床にして、いつもどこかに通っている、と言われたこともあるぐらいで。山荘に住み着いていたんです」

内田には、忘れられない英雄とのエピソードがある。

フリーの写真家として、まだ駆け出しだったころのことだ。山荘の前庭の石垣の上にカメラバッグを置いて撮影をしていたら、突如猛烈な風が吹き抜けて、カメラバッグが石垣から吹き飛ばされしまったのである。バッグの中には、なけなしのお金で購入した愛機ＰＥＮＴＡＸ67が入っていた。バッグは涸沢側をしばらく転がり落ち、下にあった雪渓で止まった。内田は斜面を駆け下り、バッグのところまで着くと慌てて中身を確認した。だが、ＰＥＮＴＡＸ67を含めて機材はすべて壊れてしまっていた。

内田は自分の不注意を呪い、激しく落ち込んだ。そんな一部始終を英雄は見ていたのだろう。その年の営業が終わり、内田が何かの用事で英雄の自宅を訪ねたとき、英雄が１００万円ほどの現金をおもむろに出してきて、内田に言った。「これでハッセルブラッドを買ってこい」と。「おまえのためとか、買ってやるとか、そういうことは一切言わないんです」

そのときの英雄とのやりとりを、内田はこう振り返る。

「ただ、カメラマンだったらこのぐらいのカメラを使ってなきゃダメだ、みたいなことは言われました。私としても、英雄さんのその言葉から、買ってきたカメラを使っていいということなんだと受け取って、ありがたく使わせてもらいました」

また、90年代前半、出版社の仕事で北アルプスの空撮の経験を積むことができたため、自分の作品撮りとしても空撮写真に取り組もうと、自費でヘリコプターをチャーターして空からの撮影を行なっていた時期があった。ただ、ヘリ代は高く、頻繁には撮影ができずにいた。そんなときには英雄が「うちのヘリを使ってもいいぞ」と言ってくれ、何度か穂高岳山荘がチャーターしたヘリに同乗させてもらうことがあった。

そうした英雄の配慮に対して、とてもありがたかったと内田は言う。

「費用的なことはもちろんですが、現地にいて条件がいいときに飛べるのが、撮る側としては何よりもうれしかったですね」


水越武との関わりは、彼の撮影テーマが穂高から原生林やヒマラヤ、熱帯雨林へと移り変わっていっても、変わらずに続いた。

水越が屋久島の撮影をしていたときには、ヘリで空撮して島の全体像をとらえたいという要望を聞き、ヘリコプターの費用を援助したこともあった。

水越との長い付き合いの中で、英雄が「いちばん可笑しかった」と語るのが、オオカミの毛皮を巡るやりとりだ。

ある年、アラスカへ撮影に行った水越は、現地で美しい毛並みのオオカミの毛皮を見つけ、一目惚れしてしまう。何としても手に入れたかったが、そのとき手持ちのお金がほとんどなかった。そこで持っていたカメラ機材全部と交換してほしいと交渉したのである。

「こうと思ったら、何が何でもやる。いかにも水越くんらしい」と英雄は笑う。

相手もその交換条件をのんでくれ、毛皮を手に入れることはできた。だが、カメラがなければ仕事ができない。そこで帰国した水越は、英雄のもとを訪ねた。

「毛皮を質代わりに預けるから、新しい機材を買う費用をいっとき出してもらえないか」

カメラを手放した事情を説明し、そう頼んでくる水越に対し、英雄は面白がりながらカメラ機材一式を揃えるための費用をすぐに用立てた。

その後、オオカミの毛皮はしばらく英雄のもとに置かれていたが、水越が写真集を出版して賞をもらった際、ご祝儀代わりに無償で返すことにした。大事な仕事道具を手放しても手に入れたいと思うほどの毛皮だっただけに、自分のもとに戻ってきて本人も相当に喜んだそうだ。

山岳警備隊の隊員たちも、写真家たちも、さまざまな支援をしてもらう代わりに、自分たちの仕事や撮影がないときには山荘の仕事を手伝った。

警備隊の隊員たちが、空気の缶詰や風車のブレード作りを手伝っていたことはすでに書いたが、ほかにも登山道整備などの仕事で従業員とともに汗をかいた。

内田も、英雄から「山荘の美観を整える役目をやってくれ」と言われ、石垣積みや石畳を敷くのをよく手伝っていた。

「英雄さんは、一体感をつくるのがうまいんです」

そう語るのは谷口だ。

「山荘の従業員とは一緒に救助現場に出ることもあるし、われわれが山荘の仕事を手伝うこともありました。山小屋の人間と、警備隊の隊員という違いはあれども、本当に一体になってやっとりましたね」

篠原秋彦とヘリ・レスキュー

穂高岳山荘に深く関わった人物の一人として、篠原秋彦《しのはらあきひこ》についても語っておかなければならないだろう。

篠原は1972（昭和47）年に営業職として東邦航空に入社すると、猛烈なバイタリティで仕事をこなし、山小屋主人たちの信頼を獲得。大手ヘリ会社の下請けにすぎなかった東邦航空を一躍、多くの山小屋と契約する〝山の物資輸送の雄〟へと押し上げたのだった。

篠原はまた、ヘリを使った山岳レスキューにも情熱を燃やし、日本のヘリ救助に革命をもたらした「長吊り（センタースリング）」という方法で数々の困難な救助を成功に導いた。「長吊り」とは、ヘリのメインローター真下の荷物吊り下げ用フックからワイヤーを垂らし、そこに救助隊員や遭難者を直接吊ってしまう救助方法のこと。一見アクロバティックだが実は安定感があり、何よりも現場からの救出が圧倒的に短時間で行なえるという利点があった。

「篠原はハチャメチャな男だったけれど、レスキューに懸ける情熱はものすごかった」

英雄は、篠原のことをこう評価する。

一方、篠原も、英雄には一目置いていた。東邦航空の営業部員として篠原とともに働いていた小松一喜《こまつかずよし》は言う。

「個性の強い従業員たちを束ねる英雄さんのカリスマ性や、何事にもきちっと筋を通すところは、篠原さんも認めていたと思います」

英雄と篠原はともに、自らの仕事に対して強烈なこだわりを持ち、こうと決めたら一歩も譲らぬ性格であった。そのため、神憲明をはじめとして、二人のことをよく知る周囲の人たちは当初、「出会ったら、いきなり殴り合いになるんじゃないか」という心配さえもしていたという。だが、そんなことには当然ならず、むしろ「出会ってすぐに意気投合した」と英雄は言う。

互いに信頼し合い、強固な協力関係にあった英雄と篠原であるが、意外なことに二人の出会いそのものは、ほかの山小屋に比べると10年以上も遅かった。

東邦航空が篠原を介して主要な山小屋と契約を結び、北アルプスの物資輸送に本格的に参入したのは1974（昭和49）年。このとき、穂高岳山荘は加わっていない。以前から付き合いのあった中日本航空との義理を重んじたからだ。

だが、ある出来事をきっかけに、英雄は中日本航空との縁を切ることになる。

1988（昭和63）年の7月の終わりごろのことである。

その夏のメインの荷上げを数日後に控えていたとき、突然中日本航空の担当者が「機体繰りがつかないので、荷上げはできない」と言いだしたのだ。物資が上がってこなければ、一日に300人近く泊まる登山客の食料が途絶えてしまう。そこで英雄は、その日のうちに涸沢へと駆け下りて、涸沢ヒュッテの小林銀一に頭を下げてこう頼み込んだ。

「これから小林さんの子分になって、言うことは何でも聞くから、おたくで使っているヘリを緊急でうちに回してくれないか」

小林は「よし、わかった」と即座に引き受けて、篠原に連絡をした。事の顛末を聞いた篠原も、翌朝の最初の便で穂高岳山荘への荷上げを行なってくれた。窮地を救ってくれたことに恩義を感じた英雄は、この日以来、山荘の物資輸送を中日本航空から東邦航空に変更。以後、英雄と篠原、穂高岳山荘と東邦航空は強い絆で結ばれることになる。


東邦航空による物資輸送が始まった翌年の1989（平成元）年、英雄が「遭難救助基金」を設立したのも、篠原のヘリ・レスキューの実力を認め、現場で救助活動に従事する篠原や警備隊員、従業員らが動きやすい環境をつくるためであった。

当時、長野県警にはベル222型ヘリ（通称「やまびこ号」／81年～運用）が、岐阜県警にはベル206B型ヘリ（通称「らいちょう号」／84年～運用）が導入されており、山での救助活動に使用されていた。だが、両機とも山岳地での飛行に適した機体ではなく、厳しい現場でのレスキューの主役は依然として民間の東邦航空が担っていた。それは東邦航空に篠原という異能の存在があったことに加えて、同社に優秀なパイロットが揃っていたこと、そして山岳地でのフライトに適した「ラマ」（正式名称はアエロスパシアルSA315B）という機体を使っていたことが大きかった。

篠原の半生を描いた『空飛ぶ山岳救助隊 ヘリ・レスキューに命を懸ける男、篠原秋彦』（羽根田治・著）にこんな一文がある。

《県警ヘリの導入以降も、民間ヘリ会社への依存度は相変わらず高く、現在でも山岳レスキューにおけるヘリ出動総数の約七〇パーセントは東邦航空が占めるという状況になっている。これは、山岳レスキューのみに県警ヘリを使うわけにはいかないという機体繰りの問題や、大型で小回りのきかない「やまびこ」は必ずしも山岳飛行に適しているわけではないという機体としての適性、さらにはパイロットの技術的・ノウハウ的な制約などがネックになっているためである》

ただ、警察のヘリとは異なり、民間のヘリを使用する場合には高額な費用が発生する。そのため、民間ヘリが出動するには、遭難者本人もしくは家族に承諾を得なければならなかった。遭難救助は一刻を争うことがほとんどだ。大きなけがをしていればすぐにでも病院に搬送しなければならないし、天候や時間帯によってはヘリを飛ばせなくなってしまう。実際、民間ヘリ使用の承諾のやりとりをしている間に天候が悪化して、救助ができなかったことが何度となくあった。さらに、ヘリによる救助を待つ時間が長くなれば、現場に出ている警備隊員や従業員のリスクも高まる。

もし現場の人間が、自らの判断で迅速に民間ヘリを要請できれば、遭難者の救命率も上がるし、救助隊員たちのリスクを減らすこともできる。そこで英雄が思いついたのが「遭難救助基金」だったのだ。

この基金は穂高岳山荘と登山者からの募金で成り立っていた。現場判断で民間ヘリの出動を要請し、救助後に遭難者がヘリ費用を払えないとなった場合は、基金から費用が補填される仕組みだった。

実際、この基金のおかげで《隊員の活動は非常にスムーズになり、迅速な救助活動によって命を助けられた遭難者も多い》（『岐阜県警レスキュー最前線』）と谷口は書いている。

篠原がレスキューの映像を撮りたいという話をしたときには、英雄はビデオカメラなどの撮影機材を提供した。そのころ、三代目支配人の宮田八郎も山荘の仕事のかたわら撮影をするようになっていたため、二人で迫力あるレスキュー映像を次々とものにしていった。小松は当時のことをこう振り返る。

「臨場感のある映像が欲しいとなり、今じゃ当たり前だけど、ヘルメットに小型カメラをつけて撮ったりもしました。首を振ると映像が乱れるから、篠原さんは、絶対に首を振るな、なんて言うんです。でも、こっちはレスキューに必死なわけで、無理な話ですよね（笑）」

撮った映像は、篠原の活躍を伝えるテレビ番組や、谷口を取材した『雲の上の駐在さん』（94／平成6年、テレビ東京・制作）などに提供されて、山岳警備隊や山岳レスキューのことを世間に周知する役割を果たした。

そして、２０００（平成12）年、篠原が念願だった日本初の民間ヘリ救助会社「トーホーエアーレスキュー」を設立したときには、英雄は篠原本人、涸沢ヒュッテの小林銀一、カモシカスポーツの高橋和之とともに出資をして役員となり、篠原の夢を力強く後押しした。

篠原はその後、鹿島槍ヶ岳東尾根でのレスキュー中の事故によって亡くなってしまう。トーホーエアーレスキューを設立して、わずか1年数カ月後の２００２（平成14）年1月のことだった。翌03年にはトーホーエアーレスキューは解散。東邦航空による山岳レスキューは、篠原とともに幾度となく厳しい現場をくぐり抜けてきたパイロットの関根理が中心となって続けられる。だが、このころになると警察でも山岳地での飛行に適した高性能な機体を運用するようになり（岐阜では97年からベル４１２型「若鮎Ⅱ号」、05年からベル４１２型「らいちょうⅡ号」を運用開始。長野では02年にＡＳ３６５Ｎ３「やまびこ」を運用開始）、警察が民間の東邦航空にヘリ救助を要請する機会は徐々に少なくなっていた。

そんな中、決定的な出来事が起こる。

２００７（平成19）年、関根が操縦するラマが穂高岳山荘での物資輸送中に墜落事故を起こしてしまったのだ。関根は幸いにして無事だったが、この事故をきっかけに東邦航空は山岳レスキューからの完全撤退を決める。篠原が自らの人生を賭し、あらんかぎりの情熱を注ぎ込んだ〝道〟がここに途絶えてしまう。

数々の救助現場をともにした宮田八郎は、東邦航空のヘリ・レスキューからの撤退について

『穂高小屋番レスキュー日記』の中でこう書いている。

《まさかあの「トウホウ」が山の救助の現場から姿を消してしまうなんて、そんなことがあるとはまったく考えてもいませんでした。それは、幾多の命を救ったあの「長吊り」が、もうわれわれの手から失われてしまったことを意味していました。

そしてそれは、間違いなくひとつの時代の終焉を告げる出来事でありました》

従業員には「好きなようにやれ」

英雄には、若いころから信条としている考えがある。それは「自分でなくてもできることには手を出すな」ということだ。

「自分は、自分にしかできない仕事をやる。自分でなくてもできることは、自分よりもよくできる人を探して、その人に任せる。そんな生き方を私はずっとしてきたんだ」

仕事に対する英雄のこの姿勢は、山荘の従業員たちの素質や能力を「生かす」ことにもつながっている。

新館を建てたあとのことだ。本館裏手にあった材木倉庫が、新館ができたことで材木の出し入れができなくなってしまったため、英雄はその倉庫を洗面所に改装しようと考えた。その仕事を神に任せることにした英雄は、彼にこう声をかけた。

「俺がやるとそれなりのものしかできないから、神くんの好きなようにここをきれいな洗面所にしてくれ。金はいくらかかってもかまわない」

さらに、自分が山荘にいたら気を使うだろうと考えた英雄は、しばらくの間、山を下りていた。1カ月後、山荘に上がると、「まるで喫茶店みたいなきれいな洗面所ができていたんだ」と英雄は振り返る。

また、当時のスタッフだったアメリカ人のスコットが壁の張り替えなどの大工仕事を器用にこなす様子を見て、英雄はある日、「トイレの扉や、そのまわりの壁の見栄えをもうちょっとよくしてくれんか」と頼んだ。

そのときもしばらく山を下り、できあがったころを見計らって山荘に戻ってみたら、青森ヒバを使った美しい扉と壁が仕上がっていた。英雄が思わず「スコット、この扉と壁の見積もりはいったいいくらだったんだ?」と質問すると、スコットは不思議そうな表情で「ミツモリってナンですか?」と言う。外国人であるスコットは、事前に見積もりを取ることを知らなかったのである。

普通の経営者ならば、従業員に仕事を任せるときは、どの程度の予算で、どのようなものを作ってほしいのか、具体的な指示を出すだろう。しかし、英雄は細かい指示は一切しない。やってほしいことだけを伝えて、あとは相手の好きなようにやらせる。

「上の人間が手を出したり、こと細かに指示を出したりしたら、経営者目線で、山小屋にこんな立派なものはいらない、とか余計なことを考えてしまって、面白いものはできないんだ。得意そうな人間に任せて、『好きにやれ』『金はいくらかかってもかまわない』と言っておけば、そいつは自由なアイデアを出せるし、結果としてこちらが思ってもみなかった、すごいものを作り上げてくれるんだよ」

たしかに、やりがいのある仕事や、自分でやることを決められる権限を与えられることで、人はその能力を思う存分に発揮できる場合が多い。だが、どんな環境や仕事を与えれば、その人の持っているものを生かすことができるのか、その見極めは簡単ではない。体力のない人間に歩荷をさせれば、疲弊してつぶれてしまうだろうし、不器用な人間に大工仕事をさせても、時間がかかるだけでなく、出来も悪くなってしまう。適材適所がうまくできれば人は生きるが、不適材不適所になってしまえば人は能力を発揮できなくなってしまう。

だからこそ、英雄は従業員たちの様子や日ごろの仕事ぶりをよく観察していた。内田修は言う。

「僕は従業員ではありませんでしたが、山荘にいるときも、流葉のロッジにいるときも、内田くんにはこれをやってほしい、という考えが英雄さんははっきりしていました。まわりの人をよく見て、この仕事は誰がやるのがいちばんいいかということをきちんと見定めて、任せていたんだと思います」

宮田和子も山荘で働いていたころ、英雄に「見られている」と感じる場面が何度となくあった。

夕食の準備のために箸立てをお盆に載せて運んでいたら、つまずいてしまい、床一面に箸をぶちまけてしまったときもそうだった。

「そのとき、ふと2階を見上げたら、手すりのところに英雄さんが立っていて、一部始終を何も言わずに見下ろしていたんです。みんな言うんですよね、何かミスをすると、たいてい英雄さんがどこかで見ているって（笑）」

同じことは、宮田八郎も著書の中で書いている。

《駆け出しのぼくがヘマをして振り返るとそこには必ずといっていいほど、なぜか英雄さんがいるのです。「振り返ればイマダヒデオ」状態。そうして英雄さんにはことあるごとに「オイっ、ハチ！」と叱られ、怒鳴られ、まぁ怒られたこと怒られたこと》（『穂高小屋番レスキュー日記』）

もちろん、従業員がミスをするのを事前に察知して、そばで見ていたわけではないだろう。人は、失敗したり、後ろめたいことがあったりするときほど、まわりの視線を意識するものだ。「振り返ればイマダヒデオ」状態になっていたのも、英雄が日ごろから従業員たちのことをよく観察していたからである。

そこは宮田八郎もわかっていた。彼はこんな一文も書き残している。

《英雄さんはほんとうにいつも自分のことをよく見てくれていたと思う。それは何もおれだけじゃなくて、いつもオソロシイくらいに人をよく見ていた》

それぞれの従業員の資質や能力を見極め、その人に相応しい仕事を任せる一方で、仕事がやりやすい環境をつくることにも英雄は気を配った。

そのひとつが、大工や設備関連の仕事をするための道具類を揃えておくことだ。英雄は言う。

「大工道具、水道工具、電気工具、左官道具など、山荘にはたいていの道具は揃っている。毎年の入山前にはホームセンターなどを巡り、使えそうなものはすべて買ってヘリで荷上げするんだ。道具が揃っているからこそ、いろいろな作業も自分たちでできてしまうんだよ」

神やスコットに大工仕事を任せたとき、英雄が一時的に山を下りたのも、彼らがオーナーである自分の目を気にせず、思いきったことができるようにするための配慮だった。

「どんな人にも居場所をちゃんとつくってくれる。英雄さんはそういう人なんです」

そう語るのは岩片克己。岩片によれば、英雄の人づかいの巧みさ、細やかさは、英雄が20代後半だったころからずっと変わらないという。

「従業員やアルバイトにはいろんな人間がいます。英雄さんは、それぞれの得意なことが生きるように、仕事を任せてくれる。そして、ひとたび信頼して任せた仕事に関しては、あれこれ口出しはせず、自由にやらせてくれた。だからこそ、みなが楽しく働けたんだと思います」

現場を護る

英雄は、現場で働く人間のことを第一に考え、彼らが存分に力を発揮するため、自分にできることは労を惜しまず行なった。それは遭難救助でも同じだった。

無線機の性能が今ほどよくなかったころには、滝谷に救助に入ると、現場と本署でじかに交信ができないことがあった。そんなときには英雄が中継役を買って出た。谷口は回想する。

「山荘に常駐している隊員の数はかぎられているので、滝谷のレスキューでは無線の中継役まで人手が回らないこともあったんです。そんなときは英雄さんが、ほかの従業員は山荘の仕事で忙しいからと、自ら涸沢岳西尾根まで出て、中継をしてくれたんです」

現場の警備隊員や従業員たちが動きやすくなるように、警察署内の上層部の人間と〝喧嘩〟することも厭わなかった。

ある遭難事故で、県警本部から現場の警備隊員へ「遭難現場は危険地帯ゆえ、出動を見合わせるべきだ」という指示が下ったことがあった。そのとき、すぐそばで無線のやりとりを聞いていた英雄は、警備隊員から無線機を取り上げてこう一喝した。

「警備隊員はすぐに現場に駆けつけるために常駐をしているんだ。出動するかどうかの判断は現場に任せろ！」

無線の向こうの相手は、英雄のことを現場の警備隊員の一人と勘違いしたのだろう。怒気を含ませながら、「貴様っ！　官職氏名を名乗れ‼」と命じるように言った。

英雄は怯むことなく、怒鳴り返した。

「穂高岳山荘の今田英雄だ！」

後年、そんな英雄を真似して、宮田八郎も警察署の上役とやり合ったことがあった。

そのときは救助活動中で、八郎は負傷者の手当てやロープでの引き上げ準備などを行なっていたが、警備隊員は無線を通じてあれこれ聞いてくる上役の対応にかかりきりになっていた。ただでさえ人手も時間もかぎられている救助現場である。苛立った八郎は、警備隊員から無線機を取り上げて、

「現在、現場にあっては救助活動中！　いらんことはあとにしてダマれ！」

と叫び、あとは無視して救助を続けたという。

のちにこのやりとりが警察内部で大問題となったが、八郎には何のお咎めもなかった。話を聞いた英雄が、あとのことは任せろと、すべてを引き受けてくれたからだ。

八郎は著書にこう書いている。

《そのケンカ（？）は英雄さんが大喜びで引き受けてくれて、その後どういう決着となったのかぼくはよく知らないからです。ともかく、そんな具合に救助現場では徹底的に「現場優先」とし、それをぼくに示し、また周囲から護ってくれていたのが英雄さんでした》（『穂高小屋番レスキュー日記』）

英雄について、現場の人間の気持ちをよくわかってくれた、と語るのは谷口光洋。

「われわれ警察は階級社会みたいなところがあって、上の人間に対しては言いたいことがあって

もなかなか言えないんです。でも、英雄さんは、相手が警察本部長だろうが国会議員だろうが、自分の考えを曲げることはないし、へつらうことも媚びることもない。絶対に妥協しない人です」

八郎も同じことを書いている。

《英雄さんが牙を剥くのはナマイキな男とエラソーなやつに限っていました。（中略）そして権威や権力に対しては徹底的に屈せず、そのファイティングポーズはむちゃくちゃカッコよかった》（『穂高小屋番レスキュー日記』）

何よりも現場を大事にし、いざというときには相手が誰だろうと体を張って護ってくれる。そんな英雄がいてくれたからこそ、現場の人間たちは自分の仕事に専念し、思う存分、働くことができたのだろう。

小屋番から映像作家に〜宮田八郎のこと（1）

歴代の従業員の中でも、特に英雄が目をかけて、信頼を寄せていた一人が、三代目支配人の宮田八郎である。

八郎は、10代後半のときにアルバイトとして初めて山荘に入り、28歳で支配人となった。従業員たちをまとめながら、登山者の接客、山荘の維持・管理、周辺の登山道の整備などを行なう一方で、遭難事故が起これば、最前線にいる者として真っ先に出動し、多くの人の命を救ってきた。

小屋番の仕事がまさに天職といっていい存在であった。

また、八郎には映像作家としての顔もあり、ビデオカメラのファインダー越しに穂高の山々を見つめ、美しい映像作品をいくつも残してきた。

八郎が映像作家となったのは、もともとの資質があったからだろうが、それを引き出したのは英雄であり、山荘の先輩従業員たちであり、穂高の自然であった。


星や宇宙、鉄道が好きで、10代のころから写真を撮っていた八郎が、ビデオカメラでの撮影をするようになったのは、初代支配人の神憲明や二代目支配人の加川達夫の影響だった。

先に述べたように神は、16ミリ映画『新雪乱舞』や『穂高岳讃歌』を撮っており、八郎が山荘で働きはじめたころには、映像作家としてすでに活躍をしていた。新人だった八郎に小屋番としての仕事を一から教えながら、カメラマンへの扉を開いてくれた人で、八郎は《僕が今、こうして映像を撮っているのもジンさんの影響が大きいです》(『ぼちぼちいこか』)と書いている。

加川の時代には、名古屋テレビとタイアップして番組内にコーナーを持ち、夏は毎日のように山荘からの中継を行なっていた。

英雄は中継のためにベータカムやHDカム対応の業務用ビデオカメラを購入して、加川や八郎に自由に使わせた。カメラは1台数百万円、中には1000万円を超えるものもあり、機材一式を揃えると数千万円もの出費となった。だが、英雄は「穂高のきれいな映像がテレビで放送されて、何百万人という人が見てくれれば、それだけで山荘の宣伝になる。コマーシャル代だと思えば、カメラ代も決して高くはない」と言い、最新モデルのカメラを山荘の経費で次々に購入した。東京のNHKに5台、名古屋のNHKに1台しかなかった高性能ハイビジョンカメラを、山荘が1台所持していたこともあった。

八郎は初め、加川の助手を務めていた。1993(平成5)年に加川が退社すると、撮影関係の仕事はすべて八郎が担うようになり、それに伴ってビデオ撮影にどんどんのめり込んでいく。

八郎が撮影や制作を担当した主な作品は、『風と太陽の稜線で 穂高岳山荘物語』(96年・穂高岳山荘)、『穂高四季物語』(97年・名古屋テレビ)、『天空漫歩』『穂高の四季』(ともに98年・奥飛観光開発)、『穂高 稜線の博物誌』(00年・文藝春秋)、『神河内そして穂高』(01年・山と溪谷社)、『レスキュー 篠原秋彦の軌跡』(02年・トーホーエアーレスキュー)などがある。

2001(平成13)年には、英雄からの出資や協力を受けながら、自らの会社「ハチプロダクション」を設立。『Angel Trip穂高を翔ぶ』(04年・企画は3190プロジェクト)や『光の五線譜』(06年)などを自社で制作して発表した。

八郎は、穂高の自然を撮影し、作品としてまとめることに情熱を注いだ。だが、その過程は常に生みの苦しみとの戦いだったようだ。『光の五線譜』を作ったときのことをこう記している。

《『光の五線譜』は自ら演出も手がけたこともあり、精一杯の情熱と思い入れを注ぎ込んだ。使用した映像はどれも渾身のカットであるとの自負もしている。だが、自分なりに力を尽くしはしたものの、その映像は一般に受け入れられるものとはならなかった。（中略）たしかに今になって客観的に見てみると、その映像は僕のひとりよがりなしろもので、演出に過剰な部分が多く、（中略）大失敗作となってしまったのである》（『アルプ 特集 串田孫一』内「映像で描く串田さんの言葉」）

小屋番の仕事を忙しくこなしながら、映像作家として日々葛藤し、奮闘する八郎の姿を、英雄はかたわらで見守り続けた。

「ハチは頭のいいやつで、映像作家の素質もあったんだろうな」

英雄は、八郎のことをこう評する。そうした素質があったところに、最先端の撮影機材や、四季を通じての撮影の拠点となる山荘があったおかげで、「映像作家・宮田八郎」が生まれ、その才能が花開いていったのだろう。

八郎にとって、英雄の存在がどれほど大きいものだったのか。宮田和子はこう話す。

「英雄さんって、自分は映像や写真を撮ったりはしないけれど、それを本気でやりたいという人の志に対しては理解を示し、惜しみなく一流のものを与えてくれる人なんです。個人で何百万、何千万なんて高価な機材はなかなか揃えられません。その意味で、ハチローさんがあれだけのものを撮れたのは、やっぱり英雄さんがいてくれたおかげなんです」

機材も山荘も好きに使っていいぞ――英雄が八郎に言ったのは、それだけだった。そして八郎は、英雄から与えられた環境を最大限に生かして、すばらしい映像作品を次々に生み出していったのである。

穂高から与えられた人生〜宮田八郎のこと（2）

八郎は自身のブログ「ぼちぼちいこか」の中でこんな一節を綴っている。

《思えばぼくは、仕事も、嫁はんも、家庭も、仲間も、生きがいも……つまりは自分の人生そのものを穂高から与えられてきました。

それはひとえに今田英雄さん敏子さん夫妻のご加護によるものだったし、かけがえのない仲間たちや友人たちに支えていただいたからにほかなりません》

宮田八郎の半生を振り返ると、「穂高から人生を与えられた」ということの言葉が決して大げさではないことがわかるし、八郎を支えた英雄の人となりも浮かび上がってくる。

八郎が初めて山荘でアルバイトをしたのは、高校を卒業した年の19歳のとき。その後、数年間のブランクを経て、１９８９（平成元）年、23歳のときに再びアルバイトに入っている。ブランクの数年間はバイクで日本中を旅するなど、さまざまなことをしていたようだ。その後、教員免許を取るために地元の神戸大学に入学。山荘での2回目のアルバイトは、大学1年の夏休みを利用してのことだった。

のちに八郎の妻となる和子はすでに従業員として働いており、二人は山荘で出会い、やがて付き合うようになる。

翌90年の春、和子のお腹に赤ちゃんがいるとわかったとき、八郎と和子はがちがちに緊張しながら英雄に報告をした。英雄は「そうか、わかった」と言い、二人にこう告げた。

「受付の兵子（和子のあだ名）が山を下りるなら、ハチ、おまえが代わりに穂高に来い」

八郎はその場では「わかりました」と返事をしたものの、学校の先生になりたいという夢もあったため、本心では大学を続けるのか、それとも山荘に入るのか、まだ決めかねていた。

英雄は、八郎と和子に子どもができたことを内心とても喜んでいたのだろう。その年の11月、山荘の営業が無事に終わり、麓の集落で恒例の下山祝いをしたときの英雄の行動がその気持ちを物語っている。

宴もたけなわになったとき、少し酔った様子の英雄が突然立ち上がり、「実はハチと兵子に……」と話し出したのである。和子はこう回想する。

「英雄さんは、ハチが子供をつくったので穂高に来て稼がにゃならんのだ、と話したあとで、集まっていた親戚の方たちに向かってこう言ったんです。『ついては、みなさん、応援のカンパをよろしくお願いします』と」

英雄は自らお盆を持ち、まずは自分の分のお金を入れてから、何十人もの親戚の席を順番に回っていった。八郎も和子も「まだどうするか決めたわけではないのに……」と戸惑いながらも、うれしいような、恥ずかしいような気持ちで、英雄の姿を眺めていた。

翌91年、長女の風花《ふうか》が生まれて3人家族となった八郎と和子は、敏子が持っていた古いアパートに住まわせてもらうことになり、神岡へと居を移した。同時に、八郎は穂高岳山荘に入社する。

「ハチローさんは20代半ばで、まだ何もできない若者でした。でも、石にかじりついてでも穂高で頑張っていこうと決心をしていて、私にもそんな話をしてくれました」

和子は当時の八郎の心境をこう振り返ってくれた。

八郎は与えられる仕事を必死になってこなしていった。

《ともかく次から次へと英雄さんが打ち出す仕事を、ぼくはペーペーの下っパとして夢中でこなしていきました。でもたいてい、それが何をしようとしているのかがわからず、「アノぅ、コレどうなるんデスか？」と尋ねると「オマエはなんも考えんでエエ！　カラダだけ動かしとれ！」と叱られたものです》（『穂高小屋番レスキュー日記』）

山荘に入って4年目の1994（平成6）年、加川の後を継いで三代目支配人に抜擢されたのは、そうした頑張りが英雄に認められたからだろう。

家庭では、長女・風花のあと、次女・夏海《なつみ》、三女・のどか、四女・穂高の3人の娘を授かり、4人姉妹の父親となっていた。

そんなある日のこと。和子が、まだ保育園に入る前の穂高を連れて散歩をしていると、近所でたまたま英雄に行き合った。そのとき、英雄が娘に向かって、「今度、ほっちん（四女の愛称）のお家を造ってやるからな」と言ったのだ。

「私には、新しい従業員用の家を建てるから、どんな家がいいかを書き出しておけ、と言うんです。私は初め冗談かと思って、娘と『じゃあ、木の家で、薪ストーブがあったらいいよね』なんて話をして、英雄さんにもそう伝えたんです」

しばらくすると、家の話が徐々に具体的になってきて、和子は「英雄さんは本当に私たちの家を建てようとしてくれているのだろうか……」と気になり始めた。とはいえ、さすがに自分たち家族のために新しい家を建ててもらうのは心苦しく、英雄に「そこまでやってもらうのはおこがましい」と胸のうちを正直に伝えた。

すると、英雄は「バーカ、勘違いするな。おまえたちのために建てるわけじゃないんだ」と言ったあとで、こう続けた。

「もしおまえたちがどこかに家を建てて引っ越したくなったら、いつ引っ越してもらってもかまわない。ただ、穂高岳山荘の支配人である宮田八郎が、いつまでもみすぼらしいアパートに住んでいたんじゃみっともないから、代わりの宿舎を建てるだけなんだ」

その話を聞いて、和子は「あっ、そうなのか。そう考えればいいのか」と思い、気が楽になったという。

英雄が「おまえたちのためじゃない」と言ったのは、英雄なりのやさしさなのだろう。もし「おまえたちのため」となれば、その恩によって八郎も和子も山荘や神岡から離れられなくなってしまう。あえて突き放した言い方をすることで、相手に余計なものを背負わせずに済むことを英雄はわかっていたのだ。

2000（平成12）年、神岡に「HODAKAゲストハウス（坂富社宅兼事務所）」が完成すると、八郎と和子、4人の娘たちはそのうちの一棟に引っ越し、新たな生活の拠点としたのだった。

英雄には「子供好き」という意外な一面があり、宮田家の子供たちに対しても、わが子のように可愛がり、応援もした。

長女の風花が中学生となって吹奏楽部に入り、トランペットを欲しがったときには、風花の話を聞いた英雄が「じゃあ、わしが買ってやろう」と申し出た。ただ、「どこのメーカーのトランペットが欲しいか、その理由も含めて、ちゃんとプレゼンしろ」という、いかにも英雄らしい条件を付けた。

風花は、いくつかのメーカーのトランペットを比較して、英雄に言われた通り、「私が欲しいのはこのトランペットで、そのわけは……」と大人顔負けのプレゼンをし、英雄も希望通りのものを買ってやった。のちに英雄は「風花はハチに似て、交渉人だな」と楽しそうに和子に語ったそうだ。

バスケットボール部に入っていた次女の夏海は、試合のときに着用する全部員用のユニフォームが欲しいと、やはり英雄にお願いをした。このときは女子バスケ部全員で英雄の自宅までやってきた。風花のときと同様、夏海たちが「なぜ自分たちはユニフォームを揃えたいのか」という話をして熱心に交渉すると、英雄は嬉々としてその費用をカンパし、さらにバスケットボールまで寄贈してくれた。

和子は「英雄さんの中ではきっと大人も子供も同じなんでしょうね」と語る。

「英雄さんは、ハチローさんを支援してくれたように、娘たちやその同級生までも応援してくれました。大事なのは、相手の心意気や真剣さ。それが伝わってくれば、『よし、わしが』となるんだと思います」

八郎の作品の上映会のため、八郎と和子が泊まりがけで出かけていて、娘4人で留守番をしていたときには、英雄が「飛騨牛を買ってきたから、子供らとステーキを食べるぞ」と言って、子供たちの相手をしてくれたこともあった。

「子供たちはもう大きくなっていたので、私とハチローさんは娘たちだけで大丈夫だろうと思っていたんです。そうしたら英雄さんと敏子さんが家に来てくれるという話になり……。子供らは飛騨牛のステーキに大喜びしていましたが、私は散らかった家の中を見られてしまい、キチンと片付けて出かけなかったことを反省しました（笑）」

八郎にとって英雄は、自分自身や自分の家族を導き、支えてくれる恩人だった。一方で、まだ20代、30代だった若いころは「オソロシイ人」でもあった。

《辛辣な言葉に怒り悲しんだことの方が圧倒的に多かった》といい、怒鳴られ、叱られるたびに、内心で「このクソオヤジ！」と思っていたそうだが、《あの鋭い目で睨まれるともうダメでした。盾突くどころか口答えひとつできるような存在ではなかった》（『穂高小屋番レスキュー日記』）という。

「ハチローさんは、何かしでかして英雄さんに怒られると、俺1カ月禁酒するわ、とか言って、よく反省していましたね」と和子は笑う。

とはいえ、英雄と八郎の間には強い絆があり、オーナーと従業員という立場の違いはあれども、互いのことを心から信頼し、尊重し合う関係性でもあったのではないだろうか。

英雄は八郎についてこう語る。

「ハチはしゃべりもうまいし、相手が誰だろうと言いたいことはきちっと言ってケンカもできる。それに穂高の山々や山荘のことがいちばん好きなのは自分だとはっきり公言するほど、ものすごい情熱家でもあった。若くして支配人を任せるだけの資質と才能は十分にあった男だよ」

一方、八郎は英雄への感謝の思いをよく口にしていた、と和子は言う。

「ハチローさんはいつも、『自分は穂高やまわりの人たちに生かされてきた。だから感謝しかないんだ』と言っていました。彼が一生懸命に石垣や登山道を直したり、ブログで遭難救助のこと

を書いたりしていたのも、少しでも穂高のため、英雄さんのため、山荘の仲間たちのためになれ
ばという恩返しの気持ちからだったんです」
厳しさと美しさを併せ持つ穂高という山で育てられた宮田八郎は、いつしか誰よりも穂高を見
つめ、穂高を愛する男になっていたのである。

何でもできる男～中林裕二のこと

宮田八郎とともに、英雄からの厚い信頼を得ているのが、現支配人の中林裕二である。

英雄は中林のことを「何でもできる男」だと語る。

「ハチと裕二は性格的には正反対なんだ。ハチは大勢でわーっとやるタイプ。一方、裕二は一人でコツコツやる。人前でしゃべることは得意じゃないし、出しゃばることもないんだが、何をやらせても器用にこなす男なんだよ」

中林が山荘に入ったのは1995(平成7)年。神岡の飲み屋のカウンターで偶然隣に座っていた宮田八郎にスカウトされたのがきっかけだった。

大学時代はスキー部に所属していた中林は、山岳スキーの経験はあったが、穂高には登ったことがなかった。それでも自分の知らない世界に興味が湧いて、山荘で働くことを決めた。

1年目は、いちばん下っ端だったため、ひたすら石を運ばされる毎日だった。

「その年は山荘のトイレを水洗に替える工事をしていて、そのための石だったのですが、石運びをしていたのは自分だけ。ほかの人はしんどいから誰もやらないんです。大量の石を一人でひたすら運びながら、なめとんのか、って思っていましたよ（笑）」

働きはじめて数年の間は英雄とじかに話す機会はほとんどなかったが、中林が忘れられないやりとりが2年目にあった。

その年、「髪の毛に色を入れたりして、ちょっとやんちゃな髪形で入山したんです」と中林。数日後、中林のそばに英雄が近づいてきて、こう言った。

「おい、裕二、明日山を下りるか？」

はっきりと髪型のことを注意されたわけではなかった。それでも中林はその場で「英雄さんはこの髪のことを言っているんだ」と察した。すぐに「すみません……」と謝り、その日のうちにほかの従業員に手伝ってもらい丸坊主にした。

まだ20代だった中林にしてみれば、英雄には有無を言わさぬ迫力があり、何よりも怖い人であった。とはいえ、「そうやって注意していただけるのは、気にかけてくれているのかな」とも思えたという。

髪型では失敗した中林だったが、日々の仕事にはまじめに取り組んだ。そんな姿を英雄も見ていたのだろう。5、6年目になるとさまざま仕事を任されるようになり、徐々に山荘の中核メンバーへと成長していった。

山荘での中林の仕事ぶりについて、英雄がよく話すのが、２００３（平成15）年の本館トイレの大改修工事のことだ。

それまで和式だったトイレをすべて洋式の簡易水洗型に交換することになったのだが、和式から洋式に替えるには個室の前後の幅を30センチほど広げる必要があり、さらに屋外からメンテナンスをしやすくするために床の高さを少し上げなければならなかった。新しい床面や壁の設置、便器など設備の取り付け、さらには便槽の改修など、やらなければならないことは山のようにあった。中林は、この改修工事をほぼ一人でやり遂げてしまったのである。英雄が言う。

「毎日のように便槽に潜り込んで作業をするなど、５、６月の２カ月間、裕二は一人でずっと改修作業をしていたんだ。７月になって私が山に入ったとき、ものすごくきれいなトイレができていて、びっくりしたよ」

また、２０１１（平成23）年、東日本大震災が起こったあと、宮田八郎を中心に山荘スタッフの有志が集まってボランティアチーム「岳援隊」をつくったときのことだ。

山荘スタッフで東北の被災地に炊き出しに行きたいと八郎から相談を受けた英雄は、行くことは了承するも条件を出した。それは現地で必要な装備・食料・燃料はすべてこちらから持参し、完全に自己完結できる態勢で行くことだった。課題は、燃料をどう現地まで運搬するかだった。だが、その問題も中林の次の一言で解決された。

「俺、タンクローリーの運転もできますよ」

山荘の電気工事をするため、中林が風力発電や太陽光発電に関する専門的な知識や技術を持っていることは、英雄も当然知っていた。

「だが、まさかタンクローリーの運転もできるとは。あいつは大型免許や危険物取扱者の資格までいつの間にか持っていたんだよ」

英雄はそのときのやりとりを実に愉快そうに振り返ってくれた。

もともと器用だったこともあり、山荘の仕事を通じて、中林はさまざまな知識や技術を習得していった。

「英雄さんって、ここをこうしたい、これを作りたい、と大まかなことは指示しますが、細かいことはこちらに考えさせてくれるんです。きっと英雄さんなりの考えやイメージはあるんでしょうが、それはあえて言わない。おかげでいろいろ勉強させてもらえました」

2007（平成19）年には、宮田八郎の後を継ぎ、中林は四代目支配人に。八郎も引き続き山荘に残ったため、その後は中林と八郎の二人が山荘運営の中心を担うことになる。

英雄は、八郎と中林に対して全幅の信頼を寄せてきた。

「ハチも、裕二も、私の頭の中をのぞいているんじゃないかと思うぐらい、私の考えていることを理解してくれているんだよ」

この英雄の言葉を中林に伝えると、「そんなこと、面と向かって言われたことはないですけどね」と笑いながらも、中林が感じ取っている「英雄の頭の中」についてこう話してくれた。

「まっすぐが好きなんですよ、英雄さんって。ピシッとしているのが好きで、だから建物も石垣もピシッとまっすぐなんです。それに、そのピシッていう感じ、英雄さんという人間そのものも表していると思うんですよね」

厳しさの対岸で〜今田敏子のこと

宮田八郎や中林裕二にとって今田英雄は「厳しい人」「怖い人」であったが、英雄の厳しさはほかの従業員に対しても同じように向けられていた。

「昔のスタッフと話をしていても、英雄さんは怖かったという話はよく出ます」

そう語るのは宮田和子だ。

「注意するときも、きつい言い方をするんです。二度と俺の前に顔を見せるな、とか。そんな言い方をしなくても……と何度も思いましたよ」

何かをやるとなったら、きちんとできるまで妥協しない人だった、と言うのは谷口光洋。

「手抜きとか中途半端は絶対に許さない。石垣でも石畳でも細かいところまでこだわって徹底的にやる。従業員にしてみれば、本当に厳しい人だったと思いますよ」

英雄の厳しさは、従業員以外にも伝わっていた。写真家の水越武は、穂高岳山荘の80周年記念で制作された映像作品『山の彼方の空遠く 穂高岳山荘物語』の中でこう話している。

「英雄さんが陣頭指揮を執るようになってから、山荘内に常に緊張感がピンと張っているような、そんな感じを受けました」

また、東邦航空の営業部員として、山荘の物資輸送を担当してきた小松一喜はこう語る。

「英雄さんが山荘にいるっていうだけで、荷上げのとき、気合いを入れてやらなければ、という気持ちになるんです。パイロットも、英雄さんに見られていると思うと緊張感が違う、とよく言っていました」

英雄が周囲に見せた厳しさは、英雄自身の性格もあっただろうが、一方で山小屋という仕事の特性や、山荘の立地がそうさせていた側面もあるのではないだろうか。

山小屋の仕事はさまざまな危険を伴う。大きな石を動かしたり、高いところで作業したりすることも多い。ちょっとした気のゆるみや些細なミスが大きなけがや事故につながる危険性も十分にあるのだ。しかも、場所が場所だけに、けがをしたからといって、すぐに病院へ連れていけるわけではない。頼みのヘリコプターも天候次第ですぐには飛んでくれないかもしれない。

また、従業員の不手際で朝の食事が遅れれば、宿泊客のその日の予定に支障が生じる。出発の遅れが焦りを生み、遭難事故につながる可能性もあるだろう。だからこそ、朝食の準備に寝坊したりする従業員がいれば、厳しく戒めた。

「山荘に上がっている間、英雄さんはずっと気を張り詰めていて、気持ちが休まるときがなかったんじゃないかな」

中林は、英雄の心情をそう推察する。

英雄が人を厳しく叱るのには理由がある、と話すのは岩片克己だ。

「英雄さんがカミナリを落とすのは、たいてい相手がちゃんとやっていないときなんです。中途半端だったり、不まじめだったりするから、それを見抜かれて、バシッとやられてしまうんです」

宮田和子は英雄の厳しさの意味をこう考えている。

「英雄さんって言い方がきついから、言われたときはこちらも腹が立つんです。でも、あとで考えると、英雄さんの言っていることはわかるし、同じミスは繰り返さないようにしようと気をつけるようになります。一人一人がいい加減な仕事をしていたら、いい加減な山小屋になってしまいます。そうならないように引き締めていたのが、やはり英雄さんだったんじゃないでしょうか」

過酷な自然に囲まれた環境においては、人へのやさしさや思いやりが、ときに「厳格さ」として表れてしまうのである。

ただ、どれだけ意味や理由があったとしても、たいていの人は、厳しさだけでは息が詰まってしまう。

そんな英雄の厳しさを、そばにいて和らげてくれていたのが、妻・敏子の存在であった。

英雄と結婚して以来、敏子も毎年夏のシーズンには山に入っていた。重太郎やマキが高齢となって山を下りると、二人の身の回りの世話をするために敏子も山には上がらなくなったが、経理面で英雄の山小屋づくりを支え続けた。

「従業員にしてみれば、敏子さんがいてくれたおかげで、ずいぶん助けられたんじゃないかな」

敏子が山荘に上がっていたころのことを、谷口はこう振り返る。

「英雄さんは従業員に対していろいろ厳しいことを言うんです。そんなとき、あとから敏子さんが、『叱られたら、こうすりゃいいんだよ』と教えてやったりしとったんです」

岩片は「敏子さんには何でも相談できたし、話もしやすかった」と、山荘での敏子の存在の大きさを語る。

「年が近かったとはいえ、やっぱり英雄さんには近づきがたい感じはあったんです。それは俺だけじゃなく、ほかの人もそうだったと思います。そんなわれわれをつなぎとめてくれていたのが敏子さんなんです。あれやるぞ、これやるぞと従業員を動かすのが英雄さんだとしたら、敏子さんはわれわれをまとめてくれる人でした。敏子さんが醸し出す雰囲気が居心地をよくしてくれたんです」

また、建物の増改築にしても、自然エネルギーを活用する仕組みをつくるにしても、英雄は自らの理想を実現するために惜しげもなくお金を投じた。当時、登山客の数は増え続けて儲かってはいたのだろうが、それでも使えるお金が無尽蔵にあったわけではないだろう。誰かがしっかりとお金の管理をしなければ、山荘の経営は成り立たなかったはずだ。それをしていたのが敏子だった。

敏子は結婚のときの約束通り、お金の面でも、そして人の面でも、英雄を縁の下から支え続けたのである。

人材こそが一番の財産

英雄は誰に対しても厳しかった。だが、宮田八郎に対してそうだったように、中途半端に取り繕ったりせず、自分の仕事に全力で取り組み、真剣に向かってくる相手には、応えてくれる人でもあった。岩片は言う。

「英雄さんって必要以上のことは言わないし、こちらが何かやったときも、わかりやすく褒めてくれるわけじゃないんです。でも、あれこれ言われなくても、伝わってくる思いがあるんです」

岩片と同じことを、現支配人の中林も感じている。

その最たるがレスキューから戻ってきたときだという。

遭対協の山岳救助隊に所属する中林は、穂高周辺で遭難事故が発生すると、山岳警備隊の隊員たちや、八郎らほかの従業員とともにレスキューに出動してきた。前穂高岳北尾根、吊尾根、ジャンダルム、奥穂高岳南稜、間違い尾根、滝谷、ザイテングラート……そうした急峻な場所での救助活動は、救助する側も常に緊張を強いられ、ときには落石などによって自分たちが危険な目に遭うこともあった。

救助活動を終え、心身ともに疲れきって山荘に戻ると、いつも必ず英雄が待っていてくれた。そして、「ご苦労だったな」「よくやってくれた」と声をかけてくれるのだ。

「その言葉がめちゃくちゃうれしいんです」

中林はそう語る。

「どんな現場もしんどいことが多いんです。でも、英雄さんから労いの言葉をかけられると、いつも不思議と、きつかったけど無事に帰ってこられてよかった、と思える。心から言ってくれているのが伝わってくるからでしょうね」

宮田八郎もこんな一文を書き残している。

《英雄さんは、おれがレスキューから帰ると必ず「おぅ、ご苦労」と声をかけてくれた。

（中略）

高倉健に『あなたに誉められたくて』という名エッセイがあるけれど、おれにとっての「あなた」とはやはり英雄さんであった》

英雄は２０１３（平成25）年に山を下りてからも、従業員がレスキューに出ているときには常に気にかけ、遭難者を救助して無事に山荘に戻ったという連絡を受けると、すぐさま山荘に電話を入れて、八郎や中林に「ご苦労だったな」と言葉をかけた。

決して多くを語るわけではない。しかし、その一言一言に重みがあり、何より〝心〟が伝わってくる――。

そんな言葉を発することができるのも、遭難救助がどれほど過酷な仕事であり、そこにおもむく人間がどんな覚悟を背負っているのか、わかっているからだ。そして何より、日ごろの厳しい言動の根っこに、相手のことを大切に思うやさしさがあるからだろう。

「やさしい言葉や態度をストレートに見せることはないですが、やっぱりやさしい人だと思います。心で人を動かすんですよ、英雄さんって。かっこいいですよね」

中林はそう語ってくれた。


英雄は、人を大事にし、その力を信頼してきた。

「誰もがその人ならではの能力を備えているものなんだよ。ただ、その力を発揮できる場所に立ったことがないから、できていないだけで。私がやってきたことは、その場所を与えてやることなんだ。あとはそれぞれの人間が勝手にやってきたことだよ」

万能多才の人――前章の冒頭で英雄のことをこう表現した。

しかし、山荘のことは「自分一人では決してできなかった」と英雄は言う。

「電気設備のことがよくわかっている裕二のような人間が、エンジンと太陽光発電のバランスやシステム全体の調整をしてくれているんだ。穂高で暮らし、かつ電気のことに詳しい人間がいてくれたからこそ、穂高という環境での最適なエネルギーシステムを構築することができたんだよ。町の電気屋じゃ、絶対に無理だと思うね」

ほかにも大工工事ができる人間には建物の改修や補修を、絵や写真が得意で美的感覚に秀でた人間にはテラスの敷石並べを任せたりしてきた。

従業員や山荘の仕事を手伝ってくれた人たちの力があったからこそ、先進的なエネルギーシステムも、美しい石畳のテラスも実現できたのだ。

だからこそ、英雄は誇らしげにこう語るのだろう。

「うちの山荘の一番の財産は人材なんだ」と。

あの人のこと①

強面の支配人さん —— 矢部華恵

2011年の初夏、山のテレビ取材で穂高岳山荘を訪れた。

談話室の中では、登山客たちが、険しい道を登ってきた人同士、ストーブを囲んで情報交換をしている。互いを労わるようなやさしい空気だ。

夕方、山荘の食事準備の様子を撮影するために、レポーターの私が手伝いをさせてもらうことになった。従業員の仕事の妨げにならないよう、調理場には、スタッフ人数は最小限にして、カメラマンとディレクターと音声と私の四人で入る。

調理場の従業員は、ご飯、味噌汁、おかず、とそれぞれ担当が決まっている。みなテキパキと無駄な動きがない。とにかく速い。私は何をしたらいいのか……ただぼうっと突っ立っていた。

「こっち」と、頭に白いタオルを巻いた、ちょっと強面のおじさんが手招きをした。当時の三代目支配人、宮田八郎さんだった。

銀色の調理台に、おかずの皿がずらりと並んでいる。

一枚の皿に、ハンバーグ、焼き魚、ミニトマト、サラダ、カットオレンジがぎゅっと寄り添って盛り付けられている。八郎さんが、他の従業員を呼び止めた。

「ちょっと、ドレッシングやってくれる？」

若い女性従業員は、調理台にあるドレッシングボトルを取り、少量をサラダにかける。隣のハンバーグやオレンジには液体がくっつかない程度の、ちょうどいい量だ。

「これ、あなたの仕事。わかった？」

振り向いて、八郎さんが私に言った。

これならできる。私は嬉々としてドレッシングボトルを受け取り、仕事を始めた。

ずらりと並ぶ皿に、順番にドレッシングをかけていく。指に力を入れすぎると、ドバッとドレッシングが出てしまう。サラダの下まで液体が広がり、隣のハンバーグにつきそうになる。適量がどれくらいなのか、少しずつドレッシングを出して探るのは、思ったより難しい。

ドレッシングをかけ終わった皿は、従業員が別の調理台へ運んでいく。そしてまた、別の皿が調理台に運ばれてくる。カメラは、ずっとその様子を追っている。

徐々に、私のいる調理台の皿の数が増えてきた。手際が悪いせいで、終わって運ばれていく皿より、追加される皿が増えていく。カタン、と皿が置かれるときに隣の皿とぶつかる音が聞こえてきた。

まずい。スピードを上げないと。少しずつドレッシングを出していたら、間に合わない。

思いきって、ぎゅっとボトルを握ってみた。少し多いけれど、一度に十分な量のドレッシングが出る。これだ。これを繰り返そう。どんどん皿を進める。中腰のまま、手を少しずつ横に移動させていく。コツをつかめばどんどん速くなる。よし、いい感じ。細かいことを気にしていたら仕事が終わらない。周りのスタッフのスピードに追いついてきた。巻き返せる！　そう思ったところで、

「ダメだな」

え、と顔を上げると、八郎さんが立っていた。

「あんたにとっては、何十枚の皿かもしれない。でも、お客さんにとっては、自分の皿は一枚だけなんだ」

さっきサラダにかけたドレッシングが、ゆっくりと隣のハンバーグにまとわりついていく。最初に見せられたお手本と、全然違う。あらためて自分のやった皿を見渡すと、ドレッシングのかかり具合がバラバラだ。皿の端にドレッシングがついているものもある。

ここに泊まるのは、最初で最後の人もいる。穂高に来るのが、長年の夢だった、という人だっているはず。山荘でのご飯は、人生で幾度とない大切な食事。

なのに、私は、何をやっていたのだろう。

自分の心臓の音が、バクバクと耳にうるさく響いている。

山荘の従業員も見ている中で、すみません、と言う自分の声が掠れた。

それからは、注意深くボトルを握り、ドレッシングをかけた。調理台には皿が乗り切らな

くなり、隣の調理台にも並び始めた。

八郎さんは調理場の入り口に立ち、私の方を黙って見ていた。

夕食の定刻を過ぎた。食堂前に並ぶ登山客たちに、従業員が「すみません、少しお待ちください！」とお願いする声が調理場にいる私にも聞こえてきた。

数分後、最後のトレイ数枚が運ばれ、「お待たせ致しました」と言う声が聞こえてきた。

申し訳なくて、自分のできなさが情けなくて、顔が熱い。

私は、前掛けを外して、八郎さんに「すみませんでした」と頭を下げた。

すると、八郎さんは「ご苦労さん」と言い、食事をのせたトレイを私の前に差し出した。

ご飯が、大盛りになっている。ハッと顔を上げると、

「今日は特別、おかずもおかわり自由だよ」

八郎さんは、ゆっくりうなずいた。目が柔らかく、口元も少し笑っているように見える。

炊き立てのご飯の匂いが、鼻をくすぐり、急に、私のお腹がグゥッと鳴った。


やべ・はなえ（モデル、エッセイスト） 1991年4月28日、アメリカ生まれ。東京藝術大学音楽学部卒業。6歳から日本に住み、10歳からファッション誌でモデルとして活動。12歳で『小学生日記』を刊行後、エッセイストとしても活動を広げ、『華恵、山に行く。』(山と溪谷社) など著書多数出版。2022年4月より、interfmにて「山小屋ストーリーズ」(企画協力：山と溪谷社) の番組パーソナリティを務める。

2016年下山会でのあいさつ
――その年に亡くなった今田敏子に寄せて――

今田 恵

今年も無事に営業が終了しました。

東邦航空のみなさま、岐阜県警山岳警備隊のみなさま、水上さん、今年も大変お世話になりました。そして従業員のみなさん、アルバイトのみなさん、本当にお疲れさまでした。

現場にいられないとなると、ついつい「穂高岳山荘」とスマホで検索してしまうなかで、「とても最高の小屋でした！」など、ツイッターで書かれていることが結構あって、みなさんが頑張っているのが、きちんと伝わっているのだな……と思っていました。

私の方は第二子の萌々果《ももか》を7月に無事に出産しました。ありがとうございました。

少し、敏子さんのことをお話しします。

萌々果が生まれて2カ月半、10月10日に、穂高岳山荘前取締役である、私の母の今田敏子が亡くなりました。74歳でした。

母は、英雄さんとともに、結婚以来50年間ずっと山荘を育て、守り続けてきました。

彼女は穂高岳山荘の初代、今田重太郎の弟の子供です。英雄さんは養子でしたので、実は敏子さんこそが、重太郎さんの血を受け継いだ存在でした。

山荘の生活環境は、彼女の結婚当時は今よりも悪く、また忙しさも比べものにならないほどで、何度も体を壊しかけながら働いたといいます。

重太郎さんやその妻マキさんはかなりきつい人で、自分たちがバリバリ働くので、みんな必死でついていったそうです。

山荘を下りて経理と事務全般を一人で担いながら、重太郎さんやマキさんの晩年は、二人を自宅で介護していました。このころは山荘以上にきつかったと言っていたことがあります。

そんななかでも、彼女はいつも明るくて、弱音を吐かず、すべてをこなす人でした。


今日は英雄さんが来ていないので言いますが、あの変わり者の父とやってこられたのも、彼女のそんな性格がなければ無理だったんじゃないかと何度も思いました。

ここにいる方はご存じの方も多いと思いますが、私も敏子さんの実の娘ではありません。

しかし、実の娘同様に可愛がってもらえたことは、今思うと本当にありがたくて、またきっといろいろな葛藤や辛さがあっただろうに、私には決してそれを見せることはありませんでした。

ようやくそれが理解できるようになって、最後にそれを伝えなきゃ！と思ったのに、彼女はとても彼女らしく、さっさと逝ってしまったのです。

英雄さんは敏子さんにすぐ怒ったりもしていたのですが、それはきっと頼っていたからだし、変な言い方ですが甘えていたんだなぁと思います。そんなダンナとうまくやるのは本当に大変だっただろうなと思います。

穂高岳山荘の今があるのは母のおかげです。彼女の娘であったこと、彼女を「お母さん」と呼べたことに心から感謝し、誇りに思います。

昨日、山荘スタッフが小屋締めを終えて元気に山から下りてきて、本当に安心しました。来年も、再来年も、その先も、穂高岳山荘は穂高に登りたい人たちを助けるために存在します。

私はあの場所が、穂高岳山荘が大好きです。この大好きな山荘を構成するすべてのものやことが、みなさんを含めたたくさんのスタッフや関係者の強い思いと、たしかな行動によるものだと知っています。

今年も一年、ありがとうございました。本当にお疲れさまでした。

また来年も、よろしくお願いします。

第5章 ―― 次の世代へ

穂高に流れる時間

数十年という歳月は、普通の暮らしを送る人にとっては、長いものに感じるかもしれない。だが、穂高岳山荘という、標高3000メートルの稜線上に位置する特異な場所を仕事場としてきた英雄にとっては、必ずしもそうではない。

山荘では何をやるにしても時間を必要とする。

風車と遊ぶ日々は、途中にブランクをはさみながら合計15年間に及んだ（ブランク期間を含めると33年間）。太陽光発電は、試験的に設置してからシステムが完成するまでに10年かかっている。天命水をためておくためのステンレスタンクも毎年数個ずつ増やしていき、やはり10年かけて約80トンを貯水できるだけの数を揃えることができた。

英雄は言う。

「まずは風車、次は太陽光発電……とひとつひとつのことに熱中しているうちに10年、20年があっという間に過ぎていく。穂高では、時間の流れが町とは違うんだ。だから、40年、50年という歳月もそれほど長いとは感じなかった」

大学を出て、山荘に入ったのは20代前半。それから理想の山小屋を追い求め、仕事に没頭する日々を送っているうちに40年もの年月が過ぎ、英雄は60代となっていた。年齢は重ねた。けれども、山小屋への熱情は若いころと変わっていなかった。

2003（平成15）年には山荘設立80周年を迎え、翌々年の05年には80周年記念映画『山の彼方の空遠く 穂高岳山荘物語』を完成させた。

同作の演出をしたのは、95年制作の『風と太陽の稜線で 穂高岳山荘物語』と同じ、渡辺哲也。英雄が最も信頼する演出家である。

後年、英雄は宮田八郎に「『風と太陽の稜線で』と『山の彼方の空遠く』の2作を上回るものは絶対に撮れない。渡辺さんの力量には感服する」と語っている。

八郎にとっては、渡辺は映像の師匠であり、『風と太陽の稜線で』以来たびたび映像の仕事を一緒にやってきた間柄だった。渡辺の遺作となった『四季 穂高』（07年）でも、八郎は撮影を担当。《僕にとっての宝物のような時間》だったと書いている。

『山の彼方の空遠く』でこだわったのは、テレビサイズではなく、劇場の大きなスクリーンでも鑑賞できる作品とすることだった。完成した年の5月には神岡の船津座（地域交流センター）で上映会を企画。一般公開は2回かぎりの予定だったが、来場者が多く、会場に入りきらないほどの大盛況となったため、急きょ3回目を上映した。

この上映会を取り仕切ったのが宮田和子だった。

「上映会はおまえに任せるから頼むぞ、と英雄さんに言われ、いろんな人に手伝ってもらいながら何とか無事に開催できたんです。終わったあとには、英雄さんから『ご苦労だったな』『よくやってくれた』と言っていただきました。ハチローさんや裕二さんもよく言っていますが、英雄さんに褒められるのってすごくうれしいんですよね」

2007（平成18）年からは山荘西側（白出沢側）の石垣の改修工事に着手する。

発端は、1998（平成10）年に発生した上高地付近を震源地とする群発地震だった。大きな揺れによって、穂高周辺では登山道や山小屋の石組みの崩壊など甚大な被害が出たが、穂高岳山荘の石垣はどうにか持ちこたえてくれた。だが、当時支配人だった宮田八郎が調査をすると、西側の石垣全体がゆるんでおり、次に大きな地震が来たら崩れてしまう恐れがあることが発覚した。そこで八郎は「今の石垣の外側に新しい石垣を作りたい」と英雄に提案。英雄も「よし、やれ」と八郎に一任した。

環境省をはじめとした関係機関への手続きは、中林に任せた。英雄から「裕二、おまえがやってくれ」と言われたとき、中林は「自分でいいんですか⁉」と聞き返してしまったそうだ。

「このときの拡張工事は山荘の敷地を広げる大事な工事でした。そのための書類作りを自分なんかがやっていいんだろうかと。でも、そんな重要な仕事を任せてくれるのであれば、やるしかないですよね。ほんと英雄さんって、人を動かすのがうまいんです」

大がかりな工事となるため、許可が下りるまでにはかなりの手間と日数がかかったが、07年に承認されるとその年の夏から早速作業を開始した。

大きな石を所定の位置まで運び、積み上げていく作業は、かつての石垣作りがそうだったように、従業員やアルバイト、さらには常駐する山岳警備隊員らによる総力戦だった。もちろん英雄自身も現場に出て、石を運ぶアイデアを練ったり、ほかの従業員たちに指示を出したりした。

そのときの様子は、宮田八郎が撮影した「石垣奮闘記」(『穂高岳山荘 短編集』収録)という映像に残されている。そこに映し出されているのは、石垣というひとつのものを作り出すために、みなで力を合わせ、知恵を絞りながら、勇往邁進する姿であった。

すべてが人力による手作業であり、完成するまでには5年もの歳月を要した。石積みの仕上げは、映像作家である八郎のほか、写真家の内田修、画家をめざしていた従業員の上林泰平《かんばやしたいへい》らが中心となって組み上げた。それを「芸術品のようなすばらしい石垣になった」と英雄は絶賛する。

以前の石垣より少し低くしたので、白出沢側の見晴らしもよくなった。

その後、新しい石垣と連なる古い石垣も少しずつ補修していき、西側の石垣全体がまっすぐなラインを描く美しい姿となったのは、2021(令和3)年7月のことだった。

作業を開始してから15年――。人の力と才能を最大限に生かし、時間をかけて作り上げていったこの石垣は、まさに穂高岳山荘らしい大仕事であった。

恵、山荘へ

2008（平成20）年には英雄の一人娘である今田恵が大学卒業後に穂高岳山荘に入社した。

恵が生まれたのは1985（昭和60）年、英雄が42歳のときだ。4歳になると英雄や従業員に背負われて、毎年の夏は山荘へ遊びに行くようになる。高山市内の高校に通い、大学は東京の早稲田大学へと進学した。

英雄はかつて、後継者問題に苦労する重太郎の姿を見ていたが、「私自身、山荘で自分のやりたいことをかたちにしていくので精いっぱいで、後継者のことまで考えている余裕はなかった」と語る。

恵が生まれたあとも、山に慣らすために山荘へ連れていったりはしていたが、「年ごろになって好きな人ができて、お嫁に行くと言われたら、止めることはできないだろうな」と考えていた。

一方、恵にとって山荘は、初めは「遊び場」だった。8歳ぐらいになるとお手伝いと称して、そのころ山荘の外にあった無人売店で売り子をしていた。

「お客さんにちやほやされるのがうれしかったんでしょうね」

恵はそう言って、当時の自分を懐かしそうに思い出してくれた。

一人娘として、山荘を継ぐことを意識し始めたのは、高校3年生のころだという。

1995（平成7）年ごろ。英雄と恵（10歳）

「父から継いでほしいと言われたことは一度もないんです。継いでくれればうれしい、ともらすことは何度かありましたが、基本的には好きなことをやればいいと私の考えを尊重してくれていました。ただ、山荘には毎年行っていて、そこで働く父の姿は見ていました。面白そうな仕事だなとはずっと思っていたんです」

そうした「意識」が「決意」へと変わったのは、大学3年の就職活動の時期。自分が社会に出てどう働くかを考えたとき、せっかく穂高岳山荘の人間として生まれて、そこで働ける環境があるのに、「その舞台で踊らないのはもったいないことなんじゃないか」と思ったのだ。

とはいえ、当時は、3年間ぐらいは一般企業で働いて社会経験を積んでから、山荘に入ろうと考えていた。それが、大学卒業後すぐに、となったのは、そのころ英雄が少し体調を崩していたためだった。

「もし私が会社勤めをしている間に、父の体調がさらに悪化して、山に入れなくなってしまったら、私は父から何も教わることができないまま、山荘の仕事をしなければならなくなってしまいます。それはすごく怖かった。だからこそ、大学を出て、すぐに山荘に入ることにしたんです」

恵の決意を聞いた英雄は、その年以降、急ピッチで石垣作りなど建物まわりの力仕事を片付けていった。それは近い将来、自分が山を下りて、恵が三代目となったとき、苦労をさせないためだった。

「女性でも安心して経営ができる山小屋にしておくこと。それが私の最後の仕事だったんだよ」

山荘に入った恵は、かぎられた時間の中で、英雄からできるだけ多くのことを学ぼうと、その後ろ姿を見つめ続けた。

最も印象に残っているのが、山荘にいるときに英雄が醸し出す「楽しさ」と「緊張感」だった。

「山にいるときの父は、本当に生き生きとしているんです。自分の人生を懸けてきた場所にいるわけですから、山荘の仕事を心から楽しんでいたんでしょうね。ただ、緊張感もものすごく伝わってきました。ちょっとした物音やにおい、ガス栓や火元のことをいつも気にしていて、何かあればすぐに従業員に確認していました」

また、オーナーは悠然としていればいい、ということを恵は英雄から教わった。

「父がよく言っていたのは、オーナーがバタバタと忙しくしていると、小屋全体に余裕がなくなるからよくない、ということでした。オーナーは悠然とした態度で、建物内や庭のごみ拾いでもしながら、見回りをしていればいいんだ、と教えてくれたんです」

ただ、そうは言っても、英雄自身の様子を見ていると、常に手を動かして何かをやっていた。

そのころは建物裏手の焼却ボイラーを使って、山荘から出たごみを燃やすのが英雄の日課だった。それは自ら設計したボイラーの調子を確認するためだったのかもしれないが、オーナーである英雄が毎日ごみ燃やしをする姿を見せることで、山荘全体に「英雄さんがやっているんだから、自分たちもやらなきゃ」という雰囲気を醸成することにもつながっていた。

「父は、さまざまな仕事を人に任せつつも、石運びや石垣作りは自ら陣頭指揮を執ってやっていたし、ごみ拾いも昔から率先してやっていました。人がやらないこと、やりたがらないことは自分がやる。そこがまわりから信頼されるゆえんなのかなと思います」

英雄は恵に対して、ああしろ、こうしろと細かいことはいちいち教えなかった。また、従業員に対しては性別、年齢に関係なく厳しく接した英雄であったが、可愛い一人娘だったからだろう、恵にはどこまでもやさしかった。

「若いころの父は、カミソリにトゲがついたような人だったと聞いていますが、私はその片鱗しか見ていないんです」

やさしい父親であってくれたことはありがたかった。ただ、寂しさもあったと恵は言う。

「もし私が息子だったら、父との関係性は違っていたのかなと想像することがあるんです。父に厳しく育てられた従業員はみな、すごい人たちばかりじゃないですか。彼らが羨ましかったし、娘だからってビシバシやってもらえなかったのは少し残念ではあるんです」

とはいえ、常に恵の考えを尊重し、厳しいことを言わなかったのは、何よりも英雄が娘のことを信頼していたからだろう。

実際、恵は英雄の言葉や立ち居振る舞いから、多くのことを学び、吸収していた。

26歳での社長交代

85周年記念として内田修の写真集『天空の輝き』を出版したのは、2009（平成21年）のことだった。

この写真集はユニークな構成となっている。前半は、内田が撮影した穂高の山々の美しくも荘厳な写真が季節ごとに並び、見る者を楽しませてくれる。特筆すべきは、後半部分である。穂高の自然や山荘の歴史を紹介する文章とともに、英雄がこれまで取り組んできた自然エネルギーの活用や山荘独自のエネルギーシステムについて、かなりのページを割いて解説しているのだ。

英雄にとって、そもそもこの写真集を作った目的は、後半部分にあった。山荘の建物と同じく、自らのこだわりを注ぎ込んでつくった自然エネルギーシステムについて、書籍としてまとめておきたかったのである。これまで10年ごとを節目として記念映画や記念品を作ってきたが、85周年という半端な時期に出すことになったのは、自分が山を下りる前に、という気持ちもあったのだろう。

ただ、自然エネルギーの解説だけでは、興味を持って手に取ってくれる人が少ないこともわかっていた。そこで内田の「写真集」という体裁をとることにしたのだ。

前半の写真集はいわばサブ的な位置づけだった。とはいえ、そこは英雄のこと。中途半端なものを作るつもりはなかった。内田の写真のクオリティの高さはすでにわかっている。鍵になるのは編集と印刷だった。そこで内田を介して信頼できる制作会社に編集を頼み、印刷は大手の大日本印刷に依頼した。大日本印刷では長年写真フィルムからの印刷を手がけてきたベテランオペレーターが担当をしてくれ、「山小屋の自費出版とは思えない写真集を作ることができた」と内田は満足げに語る。

写真集の発刊に伴い、山荘では09年、10年、11年と3年連続で内田の写真展も開催した。

同じころ、恵の身辺には、山荘への入社に加えて、もうひとつの大きな変化が訪れていた。入社の翌年、大学時代から付き合っていた鈴木公基《きみのり》と結婚したのである。恵は今田家と山荘のただ一人の跡継ぎであったため、公基は婿として今田家に入ることになる。

公基はそれまで、山に登ったこともなければ、山小屋に泊まったこともなく、山とはまったく無縁な人生を送っていた。大学卒業後は通信会社に就職。将来、恵の夫として山荘の人間となるには、あまりにも異質な存在であった。

だが、恵は、公基の中に英雄と似た何かを感じていたという。

「タイプはぜんぜん違うんです。でも、どことなく似ているところもあって。たとえば、大学時代、一緒に学園祭の運営委員をしていたのですが、彼は現場に入って人を動かすのがうまいんです。それに振り返れば、初代の重太郎にとって、都会育ちの父はかなり異質な人間に映ったのではないでしょうか。そういうところも似ているのかなと」

公基は、結婚のあいさつのため、初めて神岡の今田家を訪れた日のことをよく覚えている。それは冬のさなかのある雪の日だった。公基と恵は電車で高山まで行き、高山からはバスで神岡に向かった。

バス停に着いたのは夕方で、あたりはすでに暗くなっていた。二人がバスを降りると、降りしきる雪の中、英雄がバス停まで迎えに来てくれていた。その姿に不意を突かれ、緊張が一気に高まったのは公基である。

「まさかの不意打ちでしたね。頭が真っ白になってしまった私は、気が動転し、雪がしんしんと降り積もっているその場で、つまらないものですが、と手土産を渡してしまったんです（笑）」

自宅であらためて英雄と敏子にあいさつをして、ひとしきり話をしたあと、4人で近所の居酒屋へ行った。英雄は「めでたいことだ」と繰り返し言っては、公基のグラスに何度もお酒を注いだ。恵はのちに公基に「父があんなに飲むのは珍しい」と語った。それほど英雄は二人の結婚がうれしかったのだ。

山荘の仕事では、恵はデジタル好きという自分の得意分野を生かして、オフィシャルウェブサイトの立ち上げやSNSによる情報提供など独自の動きを始めていた。

英雄は、そんな恵の仕事ぶりを頼もしく思いながら見守っていた。

「以前は夏のハイシーズンの週末などには定員の倍ぐらいの登山者がやってきて、パニック状態のようになって営業する日もあったんだ。しかし、めぐがホームページを作って、山荘の混雑状況を随時載せるようになったおかげで、登山客が極端に集中することがなくなり、どうしようもなく混雑する日がなくなった。これは大したことだと思うよ」

そして、恵が入社して4年目となる2011（平成23）年の初め、英雄は恵に「社長を引き継いでほしい」と伝える。

社長交代の話をされたとき、恵は驚きはしなかったものの、自分にはまだ早いんじゃないかと思ったという。

遅かれ早かれ、その話をされることはわかっていたし、自分もそのつもりで山荘に入社していた。数年間スタッフとして働き、山荘の仕事がどのように回っているのかもわかってきた。ただ、「現場業務」と「経営」とでは次元の異なる話だと考えていた。自分はまだ経営のことは何も知らなかったし、自信もなかった。それゆえ、「まだ早い」と感じたのである。

だが、英雄には「めぐだったら、絶対に大丈夫だ」という確信があった。

「高校生のころから生徒会長をやったりして、まわりを巻き込んで引っ張っていくのが得意な子だったんだ。大学でも学園祭の運営委員をやっていたし、山荘に入ってからはフロントの仕事をしっかりこなしていた。心配は一切なかった」

また、英雄ができるだけ早く次の世代に引き継ぎたいと考えたのは、相続の問題もあった。背景には、英雄自身が重太郎から引き継いだときの苦い記憶がある。

重太郎は、山小屋のオーナーは死ぬまで社長であるべきだと考え、山を下りたあとも94歳で亡くなるまで社長であり続けた。社長である以上、会社からは一定額の給料を支払わなければならない。お金は「使う」より「ためる」ものだという考え方を持っていた重太郎は、それまでため込んでいた貯金に引退後の給料も加えて、亡くなったときには相当額の財産を残していた。そのお金は、英雄の代になって建物の増改築や自然エネルギー関連の設備投資の原資となってくれた一方で、相続するときにかなりの金額が相続税として持っていかれてしまったのだ。

「めぐたちの世代にしっかりと財産を残していくには、私が早く社長を下りる必要があったんだ」

現場に信頼できる従業員がいたことも、英雄にとっては心強かった。

「めぐさんが社長になるというとき、英雄さんは私たちに、みんなでめぐを応援して助けてやってくれ、と言っていました」

宮田和子はそう述懐する。

恵も、英雄や従業員たちの思いに押されて、最終的には三代目として山荘の経営を引き継ぐことを決断する。

「現場には八郎さんや裕二さんを筆頭に頼りになる従業員たちがいました。彼らへの信頼もあり、経営にはまだ自信を持てないけど、勉強しながらやっていけばいいのかもしれないと思ったんです。それに両親は健在だったので、わからないことがあれば、まだ聞くことができるという安心感もありました」

恵26歳、英雄69歳。穂高岳山荘は、新たな時代へと舵を切ったのである。

英雄の下山

「建物や石垣などのハード面のことは自分が全部やっておく。めぐが山荘に入ったら、ソフト面をどんどん充実させてくれ」

恵が穂高岳山荘への入社を決めたとき、英雄は恵にこんな話をしていたという。

実際、恵が山荘で働くようになり、三代目主人となってからの変化は目覚ましいものがあった。英雄も「めぐが入ってからのソフト面の充実ぶりはものすごいんだよ」と目を細める。

すでに述べたウェブサイトの開設のほか、２０１１（平成23）年には山荘独自の光ブロードバンドを導入して、インターネット環境を改善。それに伴って、チャットワーク（13年〜）やｉＰａｄレジ（14年〜）、クレジットカード決済（15年〜）など、これまで山小屋では使われてこなかったサービスやシステムの導入を進めた。

２０１３（平成25）年の90周年には、山のフリーペーパー『山歩みち』とコラボして90周年記念誌を作り、スタッフバッグとともにその年の宿泊者全員に配布。普段『山歩みち』を取り扱っている全国の登山用品店などにも置いてもらった。初め10万部を刷ったが数が足りなくなり、

2万部を増刷。合計12万部を配りきり、山荘の歴史や考え方をより多くの人に広く知ってもらう役割を果たした。

2013年は、穂高岳山荘や山荘に関わる人々にとって特別な節目の1年となった。

まず5月に公基が前職を辞し、穂高岳山荘に入社。本格的に経営に参加するようになった。恵は妊娠と出産のために入山せず、8月には長女・瑞果《みずか》が誕生した。

そして、最も大きな出来事が、この年を最後に英雄が山を下りる決断をしたことだ。

下山を決めたのは、90周年という区切りの年であったことや、70歳という年齢が一番の理由だが、「自分はもう山を下りるべき」という英雄自身の意思も大きく影響したのではないかと恵は考えている。

「父は、従業員に対してそうだったように、お客さんに対しても厳しく接していました。でも、頭ごなしに怒鳴りつけても、今のお客さんは父が伝えたいことを理解できないと思います。それにそんな父を真似して、従業員もお客さんに厳しくするのですが、中にはそれが穂高岳山荘のやり方なんだと思い込んでしまう人もいて。もちろん、相手がお客さんでも、厳しく言わなければならないときもあります。でも、その目的はあくまでもお客さんの安全のためであり、厳しさがその目的と合致しないのであれば、別の方法を考えるべきなんです」

だが、英雄自身は「相手がわかるように懇切丁寧に説明することは、私にはできない」と言う。

これまで自分がやってきたことと、今の登山者の気質や社会の風潮との間に大きなギャップがあった。

「そこに本人としても、もどかしさや難しさを感じていたんじゃないでしょうか」

英雄の心中を、恵はそう推し量る。

山小屋を経営する環境も昔と大きく変わっていた。

英雄の時代は登山ブームの真っ只中にあり、登山者数は右肩上がりで、山小屋に定員を超える人数で詰め込まれても不平不満を言う人はほとんどいなかった。経営的にもかなり潤い、建物や設備などの投資に回す資金的な余裕も十分にあった。

けれども、時代とともに登山者の数は減り、山小屋に求められるサービスの質や内容も変わってきた。それに登山者が少なくなれば、収益も減り、自由に使えるお金も少なくなる。昔のように「好きなようにやれ」「金はいくらかかってもかまわない」では続かない状況になっていたのだ。

時代を読む力に長けた英雄のことだ。山小屋を取り巻くそんな変化は百も承知だっただろう。そして、そんな新たな時代に自分が対応できないことも、自分自身がいちばんよくわかっていた。

英雄は言う。

「山荘のハード面が完成したら、ソフト面も自分でやればいいじゃないか、という人がいるかもしれないが、私にはできないんだ。そもそも私は電話すら大嫌いで、インターネットなんてもってのほか、という人間。穂高岳山荘のウェブサイトができたとき、ほかの山小屋の主人たちは『ひでさんはホームページなんか絶対に作らないって言っていたのに』と驚いたみたいだが、何のことはない。あれはめぐが自分の考えでやったことで、私はまったくタッチしていないんだよ」

時代は変わった。だからこそ、英雄は、あとのことはすべて恵たち若い世代に託して、山を下りることにしたのである。


英雄が山を下りたのは9月24日、秋分の日の翌日だった。

支配人の中林を含め、ほとんどの従業員は、この日を最後に英雄が山を下りることを知らされていなかった。

「私の下山を知っていたのは2、3人だけなんだ。いつもの年と同じように、迎えのヘリが来たら、一人でサッと乗り込んで下りていく。それで終わり。ヘリの手配をする者以外には何も言わなかったし、従業員たちはそれぞれに仕事をしていたから、私がいなくなったことさえ気づかなかったんじゃないか」

下山前には、何年も着続けてボロボロになったレインウェアを焼却ボイラーで燃やしてしまったほか、自分の所持品や名前が入ったものはすべて処分した。「私のものが残っていたら、従業員たちが扱いに困るだろうと思って」という、あとに残る者たちへの気遣いだった。

未練や寂しさはなかった。あえて心残りを挙げるとすれば、数年前に太陽のロビーで思いがけず遭遇した〝ある光景〟を再び見られなかったことぐらいだった。

「ある年の秋分の日の夕方、太陽のロビーのいつもの席に座っていると、正面東側の窓に西の空に沈んでいこうとする夕日が映り込んでいた。その位置が、同じ日の明け方、朝日が昇ってきた場所とまったく同じだったんだ。それから毎年、もう一度同じ光景が見られないかと秋分の日まではは山荘にいたんだが、天気や雲などの条件がなかなか合わず、結局最後まで確認できなかったんだよ」

最後だからといって、特別なことは何もない。

英雄も従業員たちもいつもと変わらない一日を過ごしていた。そして英雄は一人静かに白出のコルから去っていったのだった。

変わりゆく山荘

山荘の歴史を俯瞰したとき、2014（平成26）年の奥穂高岳山頂の小社の移設も大きな転換点だったといえる。

奥穂高岳の山頂に重太郎が10年の歳月をかけて大ケルンを積み上げたことは、1章で述べた。そのケルンの上には長年、安全登山を祈願して重太郎が作った小社が置かれていた。

小社に祀られたご神体は、北アルプスを水源とする高原川《たかはら》の河原で見つけた20キロほどの大きな石で、重太郎自ら「イザナギ」「イザナミ」という名を二柱横並びにして彫り込んで山頂まで

上／安全登山を祈願して、重太郎は奥穂山頂の大ケルンの上に石造りの小社を置いた　下／2014（平成26）年に山頂に新設された穂高神社の嶺宮

担ぎ上げた。このご神体を安置するため、木造の祠が建てられたのは、大ケルンを作る前の1929（昭和4）年。その20年後、大ケルンの完成とともに、石造りの祠を新たに作り、ケルンの上に移動させたのである。

奥穂高岳の頂には古くから信州安曇野の古社穂高神社の嶺宮があり、大正から昭和初期にも小さな社が置かれていたというが、おそらくは冬の間の積雪の影響だろう、重太郎が小社やケルンを作ったときには失われていた。「重太郎はそこに穂高神社の社があったなんてことは知らなかったのではないか」と英雄は言う。実際、《奥穂高岳の頂上に穂高神社の分社を置いたらいいのではないか》（『穂高に生きる 五十年の回想記』）と考えて、自分で社を作ったようだ。その後、穂高神社が嶺宮を再建したが、大ケルンのうしろに隠れるように設置されていたため、その存在を知らない登山者も多かった。

穂高神社としては、山頂の最も高い場所、つまり重太郎のケルンの上に嶺宮を移したいと考えていた。そのため、重太郎が山を下りたころに一度、「山頂の小社の場所を明け渡してもらえないだろうか」という相談が、跡を継いだ英雄のもとにあった。だが、そのときは重太郎が健在だったため、英雄は「その話は重太郎にしてくれ」とだけ伝えて、この件には関わらず、その後進展もなかった。

それから40年――。今度は英雄が山を下りたタイミングで、穂高神社の宮司らが涸沢ヒュッテの小林銀一を伴って、神岡の自宅まで訪ねてきた。宮司たちの依頼は40年前と同じ。ケルンの上を明け渡してほしい、ということだった。

すでに重太郎は亡くなっており、今回は大恩ある小林銀一の頼みでもあった。それに何より、英雄が山を下りた13年は、山荘の90周年であり、娘・恵の出産が無事に済み、孫の瑞果が誕生するなど、今田家としてもよい出来事が続いていた。

「ちょうどいい機会だったし、私がここで決断をしなければ、あとの人間に判断の難しい問題を残してしまうだろうとも思ったんだ。それで快く応じることにしたんだよ」

翌2014（平成26）年、新しい嶺宮の設置工事が行なわれ、7月に完成。重太郎の社は解体され、ご神体とともに山荘の応接間に移設された。移設工事を行なったのは中林で「山荘の仕事で宮大工の経験までできるとは思わなかったですよ」と笑う。


14年からは公基も春から山荘に上がるようになり、育児で山に入れない恵に代わって、山荘の運営面での変革を進めていった。

大きく改善したことのひとつは登山客への対応だったと恵は語る。

「穂高岳山荘は厳しい山小屋であるべき、というイメージに縛られて、従業員たちも無理してお客さんに厳しく接していた面もあると思うんです。そんな中、公さんが『丁寧にやろう』と言い続けてくれたおかげで、お客さんへの接し方も変わっていったんです」

かつて英雄は、重太郎と衝突しながらも、穂高をきれいにしようとごみ拾いを行なった。当時は山でごみを捨てることは当たり前で、英雄の行為は常識外れだった。同じように、公基が行なった従業員へのアドバイスも「穂高は厳しくあるべき」という従来の考え方には反していたかもしれない。しかし、それは穂高岳山荘をよりよくするため、登山客に気持ちよく過ごしてもらうためであった。従来の常識や考え方を打破し、現状を変えていこうとした点では、英雄と公基の行動は通底している。

山荘の建物や設備の補修、石垣や登山道の整備、遭難事故が発生したときのレスキューなどは、これまで通り、宮田八郎や中林裕二が中心となって行なった。2015（平成27）年から3年がかりで屋根を張り替えたり、2016（平成28）年にはバッテリーを24基入れ替えたりと、英雄がつくり上げた山荘を維持・発展させていくにはやるべき仕事は多かった。

そんな中、山荘の営業に大打撃を与えたのが、2020（令和2）年の新型コロナウイルス感染症の世界的な大流行と、同年の4月下旬から上高地・穂高周辺で続いた群発地震だった。

感染拡大を防止するための移動制限により、春の入山は飛騨・松本在住者のみに限定し、ほかの者は自宅待機を余儀なくされた。営業も規制されて、登山客の受け入れができるようになったのは7月中旬からだった。さらに感染防止対策として、定員をこれまでの半分以下の100～125名まで減らし、テント場利用者も含めて完全予約制とした。マスクの常時使用、消毒液による手指の消毒の徹底、食堂のテーブルへの衝立の設置など、未知のウイルスへの手探りの対応を強いられた。

また、4月下旬からの群発地震によって、信州側・飛騨側の各所で落石や雪崩、登山道の崩壊が相次いだ。飛騨側から白出のコルへと登る白出沢ルートでも、岩切り道から鉱石沢の区間での崩落が特にひどく、登山道は通行不能となってしまった。

新型コロナウイルスと群発地震という二重苦によって、この年の総宿泊者数は4000人強と、例年比で7割減という深刻な数にまで落ち込んでしまった。

新型コロナウイルス感染症の影響はいったいいつまで続くのか。徐々に収束に向かっていくのか、それとも同じような状態があと数年間続くのか――。先行きの見えない不安の中、全国の山小屋と同様、穂高岳山荘にとっても試練の時が続いた。

だが、恵と公基は、そんな危機的な事態も前向きに捉えていた。公基は「コロナのおかげで全員がやるべきことに向き合えた」と語る。

日本の人口は減少傾向にあり、それに伴って登山人口もゆるやかに減っていた。そんな環境で従来と同じやり方を続けていれば、いずれ立ち行かなくなることは目に見えていた。だが、多くの人は、今現在に大きな支障がなければ、「今のままで大丈夫じゃないか」「何か起こったときに考えればいい」と問題の解決を先送りにしてしまう傾向がある。

「そこにコロナという荒波が押し寄せてきて、みなが否応なく現実と向き合い、このままじゃまずい、変わっていかなきゃいけないと考え、行動してくれるようになったんです」

そして公基はこう続ける。

「穂高岳山荘を永続させるには、われわれがそのための努力をしなければならない。そんな認識を全員が持てたことは、山荘の未来にとってすごく明るい材料だと思います」

経営からは完全に退き、「私のところに入ってくる情報といえば、めぐから聞く話と業務日誌、それと上にいる裕二からの電話ぐらい」という英雄であったが、新型コロナウイルス対応として2021（令和3）年から導入されたWEB予約システムを見たときには「すばらしいものを作ってくれた」と驚嘆したという。

宿泊客の完全予約制は、英雄自身もずっと考えていたことだった。宿泊客の人数が正確に把握できれば、無駄のない食料の荷上げや従業員・アルバイトの人数調整ができるからだ。

だが、現実には一般のホテルや旅館と異なり、山小屋の予約制は難しかった。登山はどうしても天候の影響を受ける。同じ夏の週末でも、天気がよければ定員を優に超える人数がやってくるが、悪天候ならば定員の半分以下、ということは日常茶飯事である。また、山小屋には緊急時の避難場所としての役割もあり、事故や体調不良、突然の天候悪化などによって急きょ宿泊を希望する登山者も少なからずいる。

「いつ何が起きるか、わからない。不確実な要素があまりにも多いから、救急車と火葬場、そして山小屋の予約制は無理、というのが常識だったんだよ」と英雄は語る。

だが、新型コロナ対策として、日本全国の山小屋が一斉に完全予約制を導入。そして、その流れの中で作られたのが、ＷＥＢ予約システムだったのだ。

「何も考えずにかたちだけ作ろうとすると、ぐちゃぐちゃな使い勝手の悪いものができてしまうんだ。その点、うちの山荘は、山のことをよくわかっている人間が、山のことをよくわかっている会社に依頼して、穂高岳山荘専用のものを作ってもらっている。だから、使いやすいシステムになっているんだよ」

振り返れば、英雄自身、山荘の建物や自然エネルギーを活用した電力システムをつくるときには、穂高という場所にふさわしい、シンプルで美しく、理にかなったものをつくることを心がけてきた。

そうした思想が恵たち若い世代にも引き継がれ、ウェブサイトや予約システムのデザインにも生かされているのであろう。

受け継ぐこと。そして、超えていくこと

穂高岳山荘と関わりが深い人の中には、山荘の今の体制について心配する人もいる。

英雄は、山小屋の仕事に次々と斬新なアイデアを持ち込み、新風を吹き込む一方で、若いころはほかの小屋番と同じように歩荷もしたし、レスキューにも出た。岩登りにもよく行っていた。毎年山荘に上がり、ごみ拾いをしたり、石運びや石垣作りをしたりと、現場の作業で陣頭指揮を

執ることも多かった。

かたや三代目となった恵は二人の娘の母であり、現在は子育てのために長期間山荘に入ることが難しく、事務所での仕事が中心となっている。代わりに夫の公基が、コロナ禍前までは毎年山荘に上がっていた。経営面ではさまざまな改革を実行してきたものの、山の経験が少ないことを不安視する人は依然としている。

だが、恵や公基、現支配人の中林らの話を聞いていると、今の穂高岳山荘の礎となっている英雄の思想や精神はそれぞれの中にしっかりと継承され、息づいているように感じる。英雄は人を大事にし、一人一人が持っている素質や才能を生かそうとした。それは恵や公基が現在取り組んでいることと重なる。公基は言う。

「いかに従業員から面白い意見を吸い上げていくか。ゆるやかに民主主義を導入していくことが、これからの山荘運営の鍵になります。それは英雄さんがやってきたことと本質的には同じだと思っています」

その実践の一環として行なったのが、物販の強化だった。

山荘ではそれまで在庫を抱えないことを優先し、Tシャツなどのグッズは少なめに仕入れて、8月中旬には売りきっていた。そのため、8月後半以降も大勢の登山者が山荘に宿泊もしくは立ち寄ってくれるが売るものがない、すなわち機会損失状態になっていた。宿泊客が多かった時期であれば、物販に頼る必要はないかもしれない。しかし今後、宿泊者数が減少していくことを考えれば、物販も経営を支える柱のひとつとして育てていかなければならない。そこで、山荘のグッズをどうすれば売り伸ばすことができるのか、若い従業員たちに考え、実践してもらう機会を設けたのだ。その話し合いには公基自身も加わり、一緒に知恵を出し合った。

従業員たちは初め、なかなか自分の意見を出せずにいた。しかし、話し合いの回数を重ねていく中で、数字を根拠に発注数を決めたり、売れなかったときにはその原因を検討して翌年の販売計画に生かしたりすることが徐々にできるようになっていった。

「父の、人を生かす思想の根底にあるのは、石垣や石畳を作るのと同じ考え方なんです」

恵はそう語る。

整然とした美しい石垣や石畳を作るには、大きさや形状の異なるさまざまな石をあるべき場所に置いていく必要がある。そのためには石を積む（並べる）人間が、それぞれの石の特徴や石同士の相互の関係性を理解し、その石が最も生きる場所を見つけてやらなければならない。

「父はよく、この石はここに置かれたいと思っているんだ、ということを言っていたんです。それぞれの石の居場所を見つけてあげること。それは石垣作りの話なんですが、人を育てることも一緒なんですよね」

一方で穂高岳山荘は、穂高連峰という美しくも険しい峰々に囲まれた、標高３０００メートルのコルという特別な場所に位置しており、その環境に相応しい山小屋であるべきだろう。

英雄は自らの半生を懸けて、穂高の山々や自然と調和した美しい山小屋をつくることをめざした。今、それを受け継いでいるのが、支配人の中林である。

英雄が下山したときには、「それまで感じたことのない、途方もないプレッシャーを感じた」という中林。

「不安というか、怖かったですね。山荘の立地を考えると、ここにいる間は常に全員が緊張感を保ってなきゃいけないと思うんです。これまでそんなピリッとした雰囲気をつくってくれていたのが英雄さんでした。その人がいなくなって、緊張感のある雰囲気を保てるかどうか……そのことがいちばん怖かったんです」

現場をまとめる者として葛藤する日々。その中で自分の役割を再認識することができた。

自分の仕事は、今田英雄の思想を実現すること――中林はそう言いきる。

「山に対して、山荘やそこで働く人のあり方に対して、英雄さんは美意識を持っていました。自分はそれを完成させるために働いていると言っても過言ではなく、何をするときにも『今田英雄だったら、どうするか？』と考えています。英雄さんは命がけで理想を追い求めました。だから、自分も命懸けでこの山荘を守っていくつもりです」

中林はこの数年、玄関部分に屋根を設置したり、テント場の拡張工事に取り組んだりしている。それらはどれも英雄がまだ山に入っていたころに行なおうとしていたことだった。英雄は言う。

「当時私が、ああした方がいいんじゃないか、こうした方がいいんじゃないかといろいろ言っていたことに対して、裕二はそんないっぺんにはできませんよ、と言っていたんだ。それを今、ひとつひとつ実現してくれているんだよ」

「英雄さんだったら、どうするか?」ということをずっと考え続けてきたためだろう。「最近は英雄さんに近づいてきた感じがする」と中林は言う。

「山にいるときの英雄さんって、音やにおいにものすごく繊細で敏感だったんです。今の自分もそんな感じなんです。ガス漏れのにおいや、ヘリのブレードの音など、ほかの従業員が気づかないこともわかるようになってきましたね。英雄さんがいれば、まだまだだって言われるでしょうけど(笑)」

中林は、すでに四半世紀以上、山荘で働いてきた。そのうちの18年間は英雄と一緒だった。その歳月があるからこそ、英雄に「私の頭の中をのぞいているんじゃないかと思うぐらい、私の考えを理解している」と言わしめるほどの信頼を得ているのだろう。

「普通の接客、普通の経営では、山荘や登山者を守ることは難しい」

中林のこの言葉に、穂高岳山荘支配人としての矜持を感じた。

恵と公基、中林はそれぞれに英雄の思想を受け継いで自分なりに消化して、それを今の山荘で具現化していこうと努めている。彼らが互いの力を生かし合っていくことで、今の時代にふさわしい穂高岳山荘がつくり上げられていくのではないだろうか。

守るべきものは守り、変えていかなければならないことは変えていく。穂高という山に生かされていることを感謝しながらも、常に新しいものを追い求めていくこと。それこそが穂高岳山荘の精神である。

だからこそ、これまで英雄がやってきたことを尊重したうえで、それを超えていきたいと恵は考えている。

「父がやってきたことは引き継いでいきたいし、それは私の役目だと思います。ただ、尊敬しているだけでは、親を超えることはできません。誰もが人生のどこかの時点で親を超えていかなければいけないと思うし、自分は今、その段階にあると考えています」

英雄から穂高岳山荘を引き継ぎ、三代目主人となって10年余りが過ぎた。

この間、山荘に新たなサービスや仕組みを導入したり、さまざまな試行錯誤を重ねたりしてきた。また、コロナ禍という、これまで経験したことがなかった試練にも向き合ってきた。そうした経験を経た今、恵は言う。

「自分のやるべきことがようやく見えてきた」

この10年は、偉大な二代目から若き三代目がバトンを引き継ぐための長い過渡期だったのかもしれない。

普通の時間感覚では10年は長いと感じるだろう。だが、穂高という場所においてはそうではない。英雄自身、山荘に入って8年もの間、雌伏の時を過ごしたのち、重太郎が山を下りてから自分の時代へと雄飛していった。

穂高岳山荘三代目・今田恵がさらなる輝きを見せるのは、これからである。

エピローグ――無窮に遊ぶ

「山を下りてから毎日のように、俺は幸せだなと感じているんだ。やりたかったことはすべてやり尽くした。今の自分は完全に燃え尽き症候群なんだよ」

穂高岳山荘事務所のソファに腰を下ろした80歳の英雄は、自らの近況について楽しげにこう話してくれた。

本書の執筆のため、神岡の英雄のもとを何度か訪ねて、重太郎から始まる穂高岳山荘の歴史について話を聞かせてもらったのは、２０２２（令和４）年の夏から秋にかけてだった。英雄が山を下りてから、すでに9年の歳月が過ぎていた。

自らの半生を捧げ、あらんかぎりの情熱を傾けてつくってきた山小屋である。自分が山を下りたあとのことは娘夫婦と従業員たちに託したとは言いながらも、「こうあってほしい」という願いや希望のようなものはなかったのだろうか。

そんな質問を率直に投げかけると、英雄は一瞬も逡巡することなく、こう即答した。

それはまったくなかった、と。

「私が山を下りたあとのことは、めぐたちがやることであって、どうなっていくかは私には関係のないことなんだ。もしまったく違う山小屋になってしまったとしても、それは仕方がない。重太郎の考えていたことが私の代で変わっていったように、めぐの代で変わっていくのは自然なことだと思っているよ」

山に上がっていたころ、山荘のさまざまな仕事を従業員たちに任せ、「好きなようにやれ」と言っていたように、英雄は今、山荘そのものを恵や公基、中林をはじめとした従業員たちに任せ、自分は一歩引いたところからその行く末を見つめているのである。

２０１４（平成26）年に東邦航空の小松一喜から「山荘を見に行きましょう」と誘われ、恵と一緒にヘリコプターで山荘へ上がる話もあった。だか、このときはヘリポートまで行ったものの、ヘリには乗らなかった。

「まだ1歳だった孫の瑞果の面倒を見る人がいなかったんだよ。スタッフは忙しそうにしていたし、社長のめぐは上の様子を見た方がいいだろうと。それで、私が残ることにしたんだ」

山荘では、英雄が上がってくるということで、中林らが迎え入れる準備をして、緊張した面持ちでヘリポートで待ち構えていた。上がってきたヘリに英雄が乗っていないとわかったとき、彼らがどれだけ拍子抜けしたか、想像に難くない。

結局、英雄はこの9年間、一度も山荘へは上がっていない。

「めぐから見せてもらう業務日誌と、何かが完成するたびに裕二が送ってくれる写真を見るだけで、今の山荘の姿は想像できる。それで十分なんだ」

潔いとは、こういう姿勢のことをいうのだろう。

英雄は若いころから多くの本を読み、自らの生き方や考え方の参考にしてきた。その中で最も影響を受けた一冊だと教えてくれたのが、古代中国の思想書『荘子《そうじ》』である。荘子は「無用の用」や「胡蝶の夢」など現代に伝わる有名な言葉を数多く残している。読んでみると、たしかに英雄の山小屋づくりと通じるところが多い。

たとえば、馬蹄《ばてい》篇で登場する「天放」という言葉。これは自然のままの自由さを意味する。荘子にとって、あらゆる存在が自然のままの生き方、言い換えれば、それぞれの「もちまえ（本性）」を発揮している状態こそが理想であり、それを「至徳の世」と呼んだ。荘子がユニークなのは、もちまえを発揮すべきなのは人間だけではなく、鳥や獣、草木、粘土など、まさにこの世界の万物に目を向けていることである。

英雄も、自分が理想とする山小屋を実現するために、あらゆる人やものが備えているもちまえを最大限に生かそうとした。その対象は、ともに働く従業員や山荘に関わってくれた人々はもちろん、風や太陽、石や水といった穂高の自然や、エンジン発電機やバッテリーなど山荘の設備にまで及んでいた。

英雄が自身の座右の銘として挙げてくれたのは、次の一節である。

窮するもまた楽しみ、通ずるもまた楽しむ。

楽しむ所は窮通に非ざるなり。
《逆境にあっても楽しみ、順境にあっても楽しんだ。
彼が楽しみとしたのは逆境とか順境とかを超えたものだった》
（現代語訳は、福永光司・興膳宏／訳『荘子 雑篇』より）

この言葉を聞いたとき、まさに英雄の生き方そのものじゃないか、と思った。

英雄は穂高という無窮の自然の中にあって、どんなときも楽しみ、遊び続けた。

かつて山荘で石垣を作っているとき、近くにいた登山者が「何を作っているんですか？」と尋ねてきた。英雄は、石を運ぶ手を休めて、その登山者にこう答えたという。

「僕たちはね、遺跡を作っているんですよ」

100年、200年後、もしかしたら登山という文化が廃れ、山に登る人はほとんどいなくなるかもしれない。登る人がいなくなれば、山小屋も必要なくなり、建物はやがて朽ち果てて消えていくだろう。そして残るのは、いにしえの城郭がそうであるように、土台やまわりを取り囲む石垣や石畳だけとなる——。

そんな悠久の時を空想させるこの返答も、英雄の遊び心から発せられているのだろう。

徳本峠での穂高との邂逅から半世紀以上もの間、英雄の心はずっと変わらなかった。

彼が思い描いたのは、穂高の峰々に調和した美しい山小屋をつくること。そのために自然を生かし、人を生かし、どんなときも楽しんできた。

そして今、英雄が追い求めた理想のその先に、恵や公基、中林らが新たな道を切り拓こうとしている。

穂高岳山荘はこれからどんな山小屋になっていくのだろうか。

次の100年が幕を開ける。

あとがき

本書の取材をするため、今田英雄さんにお会いしたのは、英雄さんが山を下りた2013（平成25）年以来、およそ9年振りのことだった。

その年、私は、穂高岳山荘と山のフリーペーパー『山歩みち』がコラボした90周年記念誌で、英雄さんにインタビューをして、記事をまとめる仕事を担当していた。英雄さんと会うのはそのときが初めてだった。知り合いの編集者やカメラマンなどから、今田英雄がいかに怖い人か、という話は何度となく聞かされていたので、かなり緊張して取材に臨んだことを覚えている。

同じ年の9月には、別の取材のために穂高に登り、山荘に一泊させてもらった。そのときには英雄さんが直々にバックヤードの案内に立ち、自然エネルギーを活用した電力システムや天命水をためておくステンレスタンク、白出沢側の石垣や焼却ボイラーなどの解説をしてくれた。そのときの英雄さんは、まるでお気に入りのおもちゃを友達に自慢する子供のように、誇らしげで楽しそうな様子だった。

今にして思えば、その年を最後に英雄さんは山を下りてしまっているので、穂高岳山荘で英雄さんに会い、話を聞ける最後のチャンスに間に合ったことは幸運だったと思う。

9年振りにお会いした英雄さんは、自分自身について「もう老いぼれてしまった」と語ったが、ひとたび山荘のことを話し出すと、その言葉は自然と熱と鋭さを帯びて、数回に分けて行なったインタビューは毎回2時間を超えた。

自分はすでに一線を退いた人間だという気持ちを強く持っているからだろう。インタビューを始める前の打ち合わせでは、「テレビや雑誌、新聞の取材依頼が来てもすべて断っている。人前に出て何かを話したりするつもりはない」と言っていた。それでも本書のために時間を割いて話をしてもいいと思ったのは、「100周年という穂高岳山荘にとって大きな節目であり、めぐのたっての頼みだったから」だと語った。そして、こんな言葉も言い添えてくれた。

「それに、書いてくれるのが谷山くんだということで、それなら協力しようと思ったんだよ」

英雄さんはこの言葉を本当に何げない様子で話してくれた。そのため、私自身も光栄なことだとは思いながらも、そのときは一言お礼を述べるだけで次の話題に移ってしまった。

だが、その後、山荘に関わってきた人たちに取材をして、原稿を執筆する過程で、この英雄さんの言葉が私の中でどんどん大きくなっていくのを感じた。

宮田八郎さんはある文章の中で、英雄さんについてこんなことを書いている。

《英雄さんはおよそ人におべんちゃらを言うことはないですし、その評価はいつも的確で厳しいものがあります》

私もその通りだと思う。とするならば、あのときの言葉も本心から言ってくれたはずだ。それはうれしさの半面、大きな責任として私にのしかかってきた。

私には、英雄さんとの長いお付き合いがあるわけではないし、ちゃんとお話をさせていただいたのも90周年のときの数回きりだった。そんな私に、英雄さんは穂高岳山荘の100周年記念の本の執筆を、そしてなにより、理想の山小屋づくりに捧げた自分自身の半生を一編の物語として紡ぐことを〝任せて〟くれたのだ。

本書の中で、英雄さんから仕事を任された歴代の従業員の方たちが、楽しみながらも懸命に山荘の仕事に取り組む姿を描いてきた。

私も彼らと同じだった。

自分がどこまでできるかはわからない。でも、あの英雄さんが「やれ」と言ってくれたのだ。ならば、自分のすべてを懸けて、この仕事に向かっていこう――英雄さんの言葉は、私をそんな気持ちにさせてくれた。

この本がどこまで英雄さんの思いにこたえられているのか。また、多くの読者にどれだけ楽しんでもらえるのか。このあとがきを書いている今の時点ではわからない。

もしこの本を最後まで読み、楽しんでもらえたとしたら、それはひとえに私自身が英雄さんによって〝生かされた〟からだと思う。

本書の取材や執筆では、今田英雄さんをはじめ、多くの方々にご協力をいただいた。

岩片克己さん・久子さん、内田修さん、小松一喜さん、谷口光洋さん、中林裕二さん、宮田和子さん、今田公基さん、そして今田恵さん。みなさんから聞かせていただいたお話があったからこそ、穂高岳山荘と英雄さんのことを深く知り、本書の内容をより豊かにすることができました。心からの感謝の意を表します。

また、エッセイストの矢部華恵さんと今田恵さんには想いのこもった文章を寄せていただきました。私がこの本を書くにあたって、お話を聞きたかったけれども、聞けなかった人がいます。それは宮田八郎さんと今田敏子さんです。穂高岳山荘や英雄さんを語るうえで、お二人の言葉は重要なピースになるはずでした。そんな空白の一部を、華恵さんと恵さんの文章が埋めてくれたように感じています。本当にありがとうございました。

100周年を迎えた穂高岳山荘が、これから先、三代目主人の恵さんらの手によってどのようになっていくのか。私自身、一人の登山者として楽しみにしています。

2023年4月　谷山宏典

穂高岳山荘100年の歩み

年	穂高岳山荘の歩み	登山界の出来事（主に槍・穂高周辺）
1893(明治26)年		8月　測量官・館潔彦、山案内人の上條嘉門次とともに前穂高岳登頂。 同月　W・ウェストン、上條嘉門次らが東面から前穂高岳に登頂。
1898(明治31)年	今田重太郎、岐阜県上宝村蒲田温泉で生まれる。	
1905(明治38)年		日本山岳会・鵜殿正雄ら岳沢から前穂高岳登頂。
1909(明治42)年		8月　鵜殿正雄ら前穂高岳〜北穂高岳〜槍ヶ岳の初縦走。
1913(大正2)年		8月　W・ウェストン夫妻らが南稜から奥穂高岳登頂。
1916(大正5)年	重太郎17歳、山案内人・内野常次郎の仕事に同行し、山案内の手ほどきを受ける。	
1917(大正6)年		アルプス旅館（現・槍沢ロッヂ）開設。
1919(大正8)年		常念坊乗越小屋（現・常念小屋）開設。
1921(大正10)年	重太郎22歳、殺生小屋で穂高岳方面の山案内人として働きはじめる。	燕ノ小屋（現・燕山荘）開設。 9月　槇有恒、アイガー東山稜初登攀。12月に帰国。
1922(大正11)年		8月　槇が学生山岳部による岩登り合宿を穂高・涸沢で主宰。 筑摩鉄道（現・松本電鉄）の松本〜島々が全通。
1923(大正12)年	重太郎24歳、穂高の稜線に避難小屋の必要性を痛感し、実地調査に着手する。	
1924(大正13)年	白出のコルに石室を造り、穂高小屋の基盤をつくる。	3月　大島亮吉ら慶應大学山岳部、奥穂高岳積雪期初登頂。
1925(大正14)年	飛騨側に穂高小屋1棟完成する。収容20人。翌年に信州側に別棟完成する。	8月　RCCの藤木九三と案内人の松井憲三ら、早稲田大学山岳部の四谷龍胤と小島六郎らが前後して滝谷初登攀。

1929（昭和4）年	穂高小屋飛騨側棟を改築。 奥穂高岳山頂に小社を置く。	
1933（昭和8）年		上高地にバス開通。
1936（昭和11）年	6月　飛騨側棟が登山者の失火により消失。この年はバラックの仮小屋で営業する。38年に再建。	
1941（昭和16）年	奥穂高岳山頂に大ケルンを積み始める。完成は50（昭和25）年。	
1942（昭和17）年	11月　今田英雄、松井家の四男として生まれる。	
1946（昭和21）年	10月　今田紀美子、松井家の次女として生まれる。	
1951（昭和26）年	重太郎新道完成。	
1956（昭和31）年		5月　日本山岳会隊、マナスルに初登頂。登山ブームのきっかけに。
1958（昭和33）年	穂高小屋の増改築（現在の本館）完成し、「穂高岳山荘」と改称。	
1961（昭和36）年	涸沢岳の大雪渓の下に水源地を見いだし、水道を引いて天命水と命名。	
1964（昭和39）年	ヘリコプターによる荷上げ始まる。	
1965（昭和40）年	英雄、大学を出たのち、今田家に養子に入る。	
1967（昭和42）年	有限会社穂高岳山荘設立（英雄24歳）。 英雄、敏子と結婚する。 英雄、穂高の清掃作業に本格的に取り組む。	
1970（昭和45）年	神憲明、初代支配人となる。	新穂高ロープウェイ開通。
1973（昭和48）年	穂高岳山荘50周年。 74歳の重太郎はこの年を最後に現役引退。 宿泊者に「槍穂高連峰詳細図」贈呈、この地図の中に「紀美子平」を命名する。 現在の新館を増築する。 涸沢側の庭を拡張し、敷石を始める。	上高地の夏山マイカー規制始まる。

1975(昭和50)年	現在の新々館を増築。	上高地の秋山マイカー規制始まる。
1977(昭和52)年	風力発電機を設置。 空缶回収「空気の缶詰」が話題に。	
1984(昭和59)年	太陽光発電を試みる。	
1985(昭和60)年	太陽光発電を本格的に実用化。 7月　今田恵、生まれる。	
1987(昭和62)年	「太陽のロビー」完成。	
1988(昭和63)年	7月　東邦航空ヘリコプターの初物輸（この日から、中日本航空から東邦航空に変更になる）。	
1989(平成元)年	加川達夫、支配人となる。 7月　新型焼却ボイラー設置。性能テストのため連日ごみ燃し、従業員用の風呂を焚く。	
1993(平成5)年	穂高岳山荘70周年。 6月　ごみ焼却ボイラー新型設置。 8月　今田重太郎永眠。享年94。	
1994(平成6)年	宮田八郎、支配人となる。 太陽電池システム完成。	
2000(平成12)年	11月　神岡（坂富）に「HODAKAゲストハウス」完成。	9月　有限会社「トーホーエアレスキュー」設立。
2001(平成13)年	4月　有限会社「ハチプロダクション」設立。 11月　栃尾に岳人の宿「ジャンダルム」完成。	
2003(平成15)年	穂高岳山荘80周年。 ロビー大改築。本館トイレも大改装し、すべての個室を洋式簡易水洗とする。	
2005(平成17)年	80周年記念映画『山の彼方の空遠く 穂高岳山荘物語』完成。	
2007(平成19)年	中林裕二、支配人となる。 山荘西側の石垣の改修工事を始める。 山荘内の照明器具をLED電球と省エネタイプの蛍光灯に替える。	

2008（平成20）年	4月　今田恵（22歳）が大学卒業後、穂高岳山荘に入社。 7月　山荘公式ウェブサイト公開。	8月　山と溪谷社の「涸沢フェスティバル2008」開催。山荘も後援。
2009（平成21）年	恵、公基、結婚。 85周年記念出版『天空の輝き』（内田修）刊行。	
2011（平成23）年	12月　恵（26歳）が穂高岳山荘の社長に就任。	
2013（平成25）年	穂高岳山荘90周年。 8月　恵・公基の長女、今田瑞果、生まれる。 英雄、この年を最後に山を下りる（70歳）。	
2014（平成26）年	フロント・喫茶でiPadレジ導入。	奥穂高岳山頂に穂高神社嶺宮を新設。重太郎の小社は山荘内の発電室応接間へ移設する。
2015（平成27）年	山荘西側の石垣、拡張整備。石垣は同じ高さで関大ヒュッテまできれいに整備される。 クレジットカード決済、本格的に導入。	
2016（平成28）年	ウェブサイト、リニューアル。 7月　次女、今田萌々果、生まれる。 10月　今田敏子永眠。	
2018（平成30）年	4月　宮田八郎、南伊豆にてカヤックで行方不明に。	
2020（令和2）年	山荘公式オンラインショップ開設。	新型コロナ感染症流行。 4月下旬～　上高地・穂高界隈で群発地震が続く。
2021（令和3）年	オンライン予約システム導入。完全予約制へ移行する。 山荘西側の石垣、15年間の改修工事を経て、完成する。	
2022（令和4）年	山荘西側の庭全体の整備がすべて完成する（一般登山者の立ち入りが可能となる）。	
2023（令和5）年	穂高岳山荘100周年。	

主要参考資料

[文献]『アルプ 特集串田孫一』(山と溪谷社/2007年)、『岐阜県警レスキュー最前線』編:岐阜県警察山岳警備隊(山と溪谷社/2016年)、『雲の上の支配人 23年間の穂高岳山荘生活記』神 憲明(山と溪谷社/1989年)、『山歩みち特別編集 穂高岳山荘創立90周年記念誌』(フィールド&マウンテン/2013年)、『荘子 内篇』『荘子 外篇』『荘子 雑篇』訳:福永光司・興膳 宏(ちくま学芸文庫/2013年)、『双星の輝き』久保博司(山と溪谷社/1988年)、『空飛ぶ山岳救助隊 ヘリ・レスキューに命を懸けた男、篠原秋彦』羽根田 治(ヤマケイ文庫/2011年)、『天空の輝き』内田 修(穂高岳山荘/2009年)、『穂高小屋番レスキュー日記』宮田八郎(山と溪谷社/2019年)、『穂高に生きる 五十年の回想記』今田重太郎(ヤマケイ文庫/2022年)

[映像]『穂高岳山荘 短編集』『穂高岳山荘短編集 其の弐』(制作:ハチプロダクション/2013年)、『山の彼方の空遠く 穂高岳山荘物語』穂高岳山荘(制作:ハチプロダクション/2005年)

穂高に遊ぶ

―穂高岳山荘二代目主人 今田英雄の経営哲学―

二〇二三年七月一日 初版第一刷発行

著者 谷山宏典
発行人 川崎深雪
発行所 株式会社 山と溪谷社
〒一〇一-〇〇五一
東京都千代田区神田神保町一丁目一〇五番地
https://www.yamakei.co.jp/

印刷・製本 株式会社 光邦

■乱丁・落丁、及び内容に関するお問合せ先
山と溪谷社自動応答サービス
電話 〇三-六七四四-一九〇〇
受付時間/十一時~十六時(土日、祝日を除く)
メールもご利用ください。
[乱丁・落丁] service@yamakei.co.jp
[内容] info@yamakei.co.jp

■書店・取次様からのご注文先
山と溪谷社受注センター
電話 〇四八-四五八-三四五五
FAX 〇四八-四二一-〇五一三

■書店・取次様からのご注文以外のお問合せ先
eigyo@yamakei.co.jp

ISBN978-4-635-17213-4

窮するもまた楽しみ、
通ずるもまた楽しむ。
楽しむ所は窮通に
非ざるなり。